비욘드 리스크

위기를 넘어 기회로,
위기관리 인사이트

김왕기

Beyond Risk

위기를 넘어 기회로,
위기관리 인사이트

비욘드 리스크

김왕기 지음

메디치

추천의 글

﹕

40년 넘게 변호사 생활을 하면서 크고 작은 위기 속에서 수많은 사람과 조직의 운명이 뒤바뀌는 순간을 목격해 왔습니다. 승자의 환희와 패자의 탄식, 평온한 일상 속에 숨어 있던 작은 파문이 어느 날 거대한 폭풍이 되어 모든 것을 뒤흔드는 장면까지….

그 과정에서 분명해진 사실이 있습니다. 위기는 누구에게나 닥칠 수 있고, 법과 제도만으로는 설명할 수 없는 현상이며, '인식과 태도'가 결정적 변수가 된다는 것입니다. 저는 이 사실을 경험으로 체득하였습니다.

위기는 사람의 말 한마디, 무심한 표정, 오래된 관행 속에서도 자라납니다. 때로는 한순간의 오만과 방심이 걷잡을 수 없는 위기로 이어집니다. 그 시점을 지나고 나면, 아무리 뛰어난 변론과 법률 지식도 엎질러진 물을 온전히 담아내기는 어렵습니다.

이러한 인식이 김왕기 고문과 제가 함께 일하기로 한 이유였습니다. 우리의 도움을 필요로 하는 고객들이 맞닥뜨리는 복잡하고 미묘한 '평판의 위기'를 다루기 위해서는, 언론·정부·금융권을 두루 경험한 그의 깊이 있는 시각과 경험이 필요하다고 믿었습니다. 그는 늘 "위기 대응은 매뉴얼이 아니라 결국 사람의 문제"라고 강조합니다.

이 책은 그가 수십년간 현장에서 보고, 듣고, 부딪힌 경험을 담아낸 살아 있는 기록이자 실전 지침서입니다. 위기관리는 단순한 법률 대응이 아니라, 그 이전 단계인 '평판관리'에서 시작된다는 사실을 설득력 있게 증명합니다.

특히 위기의 징후를 읽는 법, 오판과 침묵이 부르는 참사 그리고 리더와 조직이 지녀야 할 덕목과 태도에 관한 통찰은 법률 자문과는 또 다른 차원의 무게를 지닙니다.

이 책은 법조인은 물론 기업인, 공직자, 언론인 그리고 자신의 이름과 신뢰를 지키려는 모든 이에게 든든한 나침반이 될 것입니다. 위기를 피하는 법을 넘어, 위기를 기회로 전환하는 지혜를 찾는 이들에게 일독을 권합니다.

우창록
법무법인 율촌 명예회장

프롤로그

평판·위기관리는
모두의 과제이다

2014년, 한 대형 금융그룹에서 갈등을 빚어오던 그룹(지주사) 회장과 은행장이 금융 당국으로부터 동시에 중징계를 받는 일이 벌어졌다. 사상 초유의 사태였다. 이후 은행장은 즉각 사퇴했고, 회장은 징계에 반발해 소송을 예고했으나 결국 자리에서 물러났다.

두 최고경영자 간의 대립은 국내 금융권에서는 보기 드문 일이었는데, 이는 당사자뿐만 아니라 그룹 전체에 큰 타격을 입혔다. 조직 신뢰도와 대외 평판에 심각한 손상이 발생한 것이다. 이 그룹은 차기 회장 선임까지 리더십 공백과 조직 내 혼선을 겪어야만 했다. 일부 고객이 이탈했으며, 내부 불안정성에 대한 지적도 나왔다.

이 그룹에서는 1년여 전 새 경영진 체제가 출범한 이후부터 회장과 은행장 간 갈등이 누적되어 왔다. 그러던 중 은행 주전산기 교체를 둘러싸고 갈등이 수면 위로 떠올랐다. 이사회 보고 안건의 절차상 적절성, 임원 인사 등을 놓고도 격렬하게 충돌했다. 결국 은행장이 금융감독원에 자진 감사를 요청하면서 내부 갈등이 외부에 공식적으로 드러나며 사태가 새로운 국면으로 접어들었다. 이후 양측의 공개적인 비판과 책임 공방이 이어졌으며, 사회적으로 우려의 목소리가 커졌다. 마침내 금융 당국의 개입으로 두 최고경영자가 모두 사임하며 이 사태는 마무리되었다.

이 사례는 내부 갈등이 자체적으로 조율되지 않고 외부에 표출될 경우, 평판이 나빠지며 부정적인 파급 효과가 커진다는 점을 잘 보여준다. 그리고 의사결정의 정당성과 투명성이 확보되지 않으면 이해관계자들의 신뢰를 잃기 쉽다는 시사점을 던진다. 즉, 위기 대응의 속도와 명확성, 대외 커뮤니케이션의 전략적 중요성 등 평판위기 관리의 핵심 요소를 압축적으로 드러냈다.

비슷한 의미를 내포한 사례를 하나 더 살펴보자.

2024년 서울 N유업 본사에서 열린 정기 주주총회는 한국 기업 지배구조의 전환점을 상징하는 사건이었다. 수십 년을 이어온 회장 일가의 오너 경영 체제가 막을 내리고, 사모펀드 측 인사들이 새 이사진으로 선임되었다. 두 달 전 대법원이 회장 일가와 사모펀드 간의 주식 양도 소송에서 최종적으로 사모펀드 측의 손을 들어주면서 3년 넘게 이어진 공방이 막을 내렸고, 이에 따라 경영권 교체가 공식화되었다.

N유업은 오랫동안 한국을 대표하는 유업체였다. 그런데 2010년대 들어 대리점주에 대한 폭언, 밀어내기 논란, 갑질 논란, 과장 광고 등 다양한 평판위기들이 잇따라 불거졌다. 하지만 이들 이슈에 대한 기업의 대응은 미흡하다는 평가를 받았다. 이로 인해 브랜드 이미지가 점차 훼손되었으며, 결과적으로 경영권 교체라는 중대한 변화로 이어졌다.

N유업 사례는 기업이 평판위기를 효과적으로 관리하지 못할 경우, 그 여파가 경영권 유지를 어렵게 할 정도로 영향을 미칠 수 있음을 보여준다. 평판관리가 단순한 홍보 차원에 그치지 않고 기업의 존립 기반과 직결된 전략적 과제임을 상기시켜 준다.

누구에게나 닥칠 수 있는 평판위기

"명성을 쌓는 데는 20년이 걸리지만, 무너뜨리는 데는 5분이면 충분하다." 워런 버핏의 이 경고는 과장된 비유가 아니다. 지금 이 순간에도 우리 주변에서는 '5분의 붕괴'가 반복되고 있다.

'평판위기'는 이제 우리에게 아주 익숙한 단어가 됐다. 과거에는 정치인, 기업 오너, 고위 공직자처럼 이른바 '높은 사람', '돈 있고 끗발 있는' 특권층의 전유물처럼 여겨졌지만, 지금은 누구에게나 닥칠 수 있는 현실적 위협이 되었다. 거미줄처럼 촘촘하게 얽혀 있고 빛의 속도로 퍼지는 SNS, 미투 운동, 갑질 방지법, 중대 재해 처벌법 등 사회 인식과 제도 변화가 가속화하면서, 과거에는 '관행'으로 넘어갔던 일들이 이제는 치명적인 위협으로 전환되고 있다. 공공기관, 대기업은 물론이고 중견·중소기업, 심지어 개인에 이르기까지 평판위기는 더 이상 '남의 일'이 아니다.

사소하게 여겼던 일이 한순간에 기업의 존립을 흔들고, 개인에게는 회복 불가능한 타격을 입히는 사례가 잇따르고 있다. 어떤 기업은 조직 전체가 흔들려 문을 닫았으며, 어떤 개인은 치욕과 불명예는 물론 구속과 법적 처벌까지 당했다. 특히 최근에는 급성장한 스타트업이나 벤처기업, 대중의 조명을 받는 유명인들은 그 일거수일투족이 노출된다. 마치 투명한 유리 상자 속에 갇힌 듯, 자신도 모르는 사이 SNS와 유튜브 등을 통해 실시간으로 감시받는 세상을 살고 있다. 이처럼 '브랜드의 시대', '평판의 시대'는 성공과 도약의 기회이자 동시에 예기치 못한 위기의 문턱이 되기도 한다.

위기 불감증

필자는 언론계에서는 공격수의 위치에서, 정부와 금융기관에서는 수비수의 위치에서 일했다. 그리고 지금은 로펌에서 객관적인 관찰자와 전략가 입장에서 수많은 사건과 사람들을 지켜보고 있다.

그 과정에서 안타까운 사례를 수없이 목격하며 뼈저리게 느낀 현실이 있다. 아직도 '세상이 어떻게 바뀌는지를 제대로 인식하지 못하는 사람들'이 너무 많다는 것이다.

위기가 닥쳤을 때 "우리는 억울하다", "이건 다 관행이었다"라고 주장하며 사태를 축소하거나 부정하다가 스스로 위기를 악화시키는 일들이 허다하다. 조금만 더 세상의 흐름에 민감했더라면, 또는 사태 발생 후 조금만 더 겸허하고 전략적으로 대응했더라면, 충분히 피해를 줄일 수 있는 사건들이 많았다.

위기는 종종 교통사고와 비슷한 모습을 보인다. 가벼운 접촉으로 끝날 수도, 한순간에 치명적인 결과를 부를 수도 있다. 순간의 판단이 결과를 좌우하는 경우도 많다. 그러나 실제 사고에 부닥치면, 상당수는 그 상황의 중요성을 제대로 인식하지 못해, 호미로 막을 일을 가래는커녕 포크레인으로도 감당하지 못하는 상황을 스스로 만들어버리곤 한다. 덩치는 어른인데 위기에 대한 감각은 어린아이 수준에 머물러 있는 셈이다.

현대 사회의 위기 노출 부담이 커지면서 위기 대응의 중요성을 인식하고 이를 전문적으로 지원하는 조직과 인력도 빠르게 늘어나고 있다. 규모 있는 기업이나 기관은 자체 위기관리 조직을 갖추고 있고, 시중에는 다양한 형태의 위기 대응 솔루션이 제공되고 있다. 관련 서적도 꾸준히 출간되고 있으며, 주요 컨설팅사나 PR 업체들도 위기 대응을 기본 서비스로 다루는 것이 일반적이다.

"위기관리 매뉴얼을 마련하라", "문제가 생기면 CEO가 바로 직접 나서라"와 같은 조언은 수많은 책과 논문, 강연에 단골로 등장하며 이미 상식으로 굳어졌다. 필자 역시 '위기관리 10계명'과 같은 지침을 강의나 자문을 통해 널리 소개해왔다.

하지만 현실은 그렇게 단순하지 않다. 막상 일이 닥치면 그 모든 매뉴얼과 노하우가 활용되지 못하는 경우가 많다. 당사자들은 머릿속이 하얗게 되면서 혼란에 빠지고, 조직은 내부적으로 갈등에 휩싸인다. 기자들이 몰려들고 여론은 순식간에 방향을 바꾸고 사방에서 문의가 쏟아지는 등 어수선해지지만, 대응 방향을 잡기는커녕 상황 파악조차 쉽지 않다. 조언은 넘쳐나지만, 제대로 된 정보는 부족하다. 누구 말을 들어야 할지 판단하기도 어렵다.

설사 곁에서 합리적인 조언을 해주어도 당사자가 받아들이기 어려운 경우가 많다. 억울함, 불안, 자존심 등이 복합적으로 작용하면서 자기중심적인 판단에 매몰되기 쉽기 때문이다. 규모가 큰 조직은 그나마 평소 자문을 받던 로펌이나 컨설팅 회사와 바로 협력할 수 있지만, 대부분의 조직은 그러한 시스템이 갖춰져 있지 않다.

특히 자신의 판단력에 강한 확신을 가진 리더일수록 외부 조언에 귀를 닫는 경향이 강하다. 문제는 그가 어느 정도의 경험을 가졌나 하너라도 오히려 그 때문에 상황이 더 나빠질 수 있다는 점이다. 세상이 바뀌면서 예전의 대응 노하우가 더는 통하지 않는 경우가 많아졌기 때문이다.

예컨대 "오너가 직접, 신속히 나서야 한다"는 조언은 원칙적으로는 옳지만, 현실에서는 적용하기 어렵다. 오너를 모시는 임원 처지에서 '하늘 같은' 오너에게 "직접 나서서 사과하라"라고 말하기는 쉽지 않다. 오히려 "그것 하나 못 막나?" 하는 불호령만 듣기 십상이다. 또한, 모든 일에 오너가 일일이 나설 수도 없는 노릇이다. 그리고 최고위층이 나서려면 사전에 철저한 정보와 판단이 전제돼야 하지만, 초기에는 사건·사고의 내용이나 원인, 배경 등에 관한 정보가 부족하고 내부 조율도 되지 않는 경우가 대부분이다. 성급하게 나섰다가 사태를 더 악화시킬 수도 있다. 반대로 너무 늦게 나서면 타이밍을 놓쳐 진정성 표현이나 대응 효과가 반감되기도 한다.

"위기관리 매뉴얼을 만들어라." 이 조언 역시 원론적으로는 정답이다. 하지만 매뉴얼만으로는 부족하다. 각 상황의 미세한 차이를 알아채는 능력과 실전에 대비한 훈련과 경험을 갖추지 못했다면 매뉴얼은 무용지물이다. 태권도 교본을 암기했다고 해서, 실제 싸움에서 이길 수 없는 것과 같은 이치다. 외부 전문가의 도움을 받더라도 마찬가지다. 내부 정보가 충분히 공유되지 않는 상태에서 외부 전문가가 단시간에 최적의 해법을 제시하기는 쉽지 않다. 게다가 미디어 환경이 급변하면서 정보의 양과 속도, 영향력까지 복잡하게 얽혀 있기에 방향 설정 자체가 더 어려워졌다.

위기관리의 실체: 단순한 매뉴얼이 아닌 인식의 변화

그렇다면 도대체 어떻게 하란 말인가?

위기 대응에는 하나의 정답이 존재하지 않는다. 이것은 OX 퀴즈가 아니다. 단답형 문제도 아니고, 공식대로 풀면 되는 수학 계산도 아니다. 수많은 변수와 예측 불가능성이 얽힌 복잡한 퍼즐과 같다. 몇 번의 강의를 듣거나, 책 한두 권 읽는다고, 위기 감각이 생기지 않는다. 외부 전문가가 들어온다고 해서 문제가 술술 풀리지도 않는다. 심지어 전문가가 너무 많아 옥석(玉石)의 구분이 안 되는 또 다른 문제에 부닥칠 수도 있다.

그러나 분명한 것은 있다. 조직의 리더나 고위층, 위기에 노출되기 쉬운 개인과 기업은 무엇보다 먼저 세상의 변화를 인식하고, 변화에 대한 경각심과 의지를 가져야 한다는 점이다. 이로써 절반의 성공을 이룬 셈이다. 인식이 바뀌면 대응이 달라지고, 대응이 달라지면 결과 역시 크게 바뀔 수 있다.

외부에 공개되지 않았을 뿐, 실제로 심각한 위기를 슬기롭게 넘긴 사례도 적지 않다. 반대로 부실한 대응으로 엄청난 비용을 지불하고도 실속은 챙기지 못한 사례가 있다. 비슷한 상황이라도 대응에 따라 결과는 극과 극으로 갈린다.

이 책은 단순한 위기관리 매뉴얼이 아니다. 특정한 '기술'이나 '노하우'를 소개하는 데 중점을 두지 않았다. 그보다는 필자가 수많은 현장을 경험하며 절실히 느꼈던 점을 나누고자 했다. 위기를 바라보는 시각과 접근 방식, 마음가짐과 행동, 준비의 중요성 등을 강조하고자 했다. 위기관리의 본질은 결국 '사람'의 문제이며, 태도의 문제이기 때문이다.

위기 노출 가능성이 크고 위기 대응이 필요한 기업이나 기관, 조직 그리고 위기에 노출될 위험 부담이 있는 개인 모두에게, 이 책이 나침반이 되어주길 바란다.

독자들이 기계적으로 매뉴얼을 따라 하는 수준에 그치지 않고, 위기를 보는 시선을 바꾸고 더 현명한 대응을 고민하게 되도록, 즉 근본적인 방향 전환을 돕는 데 이 책의 목적이 있다.

이 책에는 언론계와 정부, 금융기관 등 다양한 현장에서 직접 경험하거나 가까이에서 지켜본 사례들, 그리고 로펌에서 수많은 의뢰인을 만나며 느낀 안타까움과 지혜, 통찰이 녹아 있다. 대기업과 유명 인사의 사례뿐 아니라, 우리 주변에서 벌어지는 작지만 중요한 사례들을 담아내고자 했다.

특히 고심했던 부분은 실명 언급 문제였다. 이미 공론화되었거나 보도 등을 통해 널리 알려진 경우에 한해 제한적으로 실명을 사용했으며, 그 외에는 최대한 익명이나 유사 사례로 처리했다. 메시지를 명확하게 전달하는 데 필요하다고 판단되는 경우에는 가상의 사례를 구성하기도 했다. 특정 기업이나 조직, 개인의 명예에 누를 끼치려는 의도는 전혀 없었으며, 혹 이 책으로 인해 불편함을 느끼는 분이 계시면 너른 양해를 부탁드린다.

위기의 시대를 살아가는 우리 모두가 더욱 명료한 인식과 준비된 자세를 갖추고, 그 위협과 불안에서 벗어나는 데 이 책이 작은 힘이 될 수 있기를 바란다.

2025년 9월

김왕기

차례

추천의 글   4
프롤로그   평판·위기관리는 모두의 과제이다   6

1장 위기를 스스로 불러들이는 사람들

위기는 사소한 것에서 시작된다   21
회장님 말씀은 농담도 지시 사항?   30
등잔 밑이 어둡다   38
우리는 다릅니다   47
선무당이 사람 잡는다   54
그 친구 옛날에는 안 그랬는데…   61

2장 어제의 관행이 오늘은 위기가 된다

위기의 기준이 달라졌다   71
"내가 뭘 잘못했다고…",
        치명적인 실수는 자기 잘못을 모르는 것   82
세상에 비밀은 없다   91
"그만하면 됐다"   100
보고 싶은 것만 보고, 듣고 싶은 것만 듣는다   109
'국민정서'라는 신(神)   117

3장 위기관리 시스템을 구축하라

위기관리는 OX 문제 풀이가 아니다   129
컨트롤 타워는 필수   138
지휘부의 애매함이 위기를 부른다   146
우군 없는 명분은 힘이 없고, 명분 없이는 우군이 없다   155
과잉 개입은 리더십이 아니라 리스크다   165

4장 시스템보다 더 중요한 것은 사람

반드시 내부 전문가를 두어라   177
대변인은 조직의 얼굴이자 방패 그리고 전사다   185
'No'라고 말하는 사람을 옆에 두어라   194
가스라이팅의 위험   203
공격수와 수비수   212

5장 미디어를 알아야 위기관리가 가능하다

미디어의 실체를 이해해라   223
언론 플레이의 두 얼굴   233
사과, 위기 대응의 A to Z   241
평판위기에서 살아남는 사과문 작성법   251
언론 대응 10계명   261

에필로그   위기, '끝'이 아닌 '변화의 시작'   267

1장

위기를 스스로 불러들이는 사람들

위기는 사소한 것에서 시작된다

천 리나 되는 긴 제방도
작은 개미구멍 하나 때문에 무너질 수 있다.
-《한비자》〈유로〉편

작은 불씨, 큰 위기

'말굽 못 하나가 왕국을 잃게 만들었다.' 벤저민 프랭클린을 통해 널리 알려진 이 말은 단순한 격언이 아니다. 아주 사소한 실수나 부주의가 얼마나 큰 재앙으로 이어질 수 있는지를 생생하게 경고한다. 오늘날에도 작은 메시지 하나, 방심한 표현 하나가 거대한 평판 위기로 이어진다. 마치 작은 불씨 하나가 산 전체를 태우듯이 말이다. 엄청난 위기도 '작은 것'에서 시작된다. 이것이 위기의 본질이다.

2025년 3월, 미국 사우스캐롤라이나 블루리지산맥 인근 테이블 록 마운틴 일대에서 일어난 산불은 장기간 가뭄으로 인한 건조한 환경에서 열흘 안팎 번지면서 천문학적 규모의 산림을 태워버렸다. 이 엄청난 산불의 시작은, 하이킹을 하던 10대가 버린 담뱃불이었다.

2025년 3월, 경북 의성과 경남 산청·울주 지역에서 일어난 산불은 한국 역사상 최악의 화재 중 하나로 기록되었다. 80여 명의 사상자와 3만여 명의 이재민을 발생시켰고, 피해 면적은 서울의 1.7배에 달한 것으로 추정된다. 그런데 이 불의 발화는 성묘객의 부주의와 농업 폐기물 소각 등의 사소한 원인으로 이루어졌다. 그것이 건조한 날씨와 이례적인 강풍과 만나면서 초대형 화마로 번졌다.

평판위기 또한 마찬가지다. 무심코 던진 말 한마디, 준비 없이 내뱉은 사소한 해명이 기업의 신뢰를 무너뜨리고, 한 사람의 커리어를 단숨에 무너뜨린다. 여기까지 걸리는 시간은 상상보다 짧다.

문제는 대부분 '사소한 것'에서 시작된다는 점이다. 사람들은 특히 자신과 관련된 '작은 문제'는 대수롭지 않게 여기는 경향이 강하다. "별일 아니야", "시간 지나면 괜찮아질 거야"라고 자신을 합리화하며 위기의 씨앗을 뿌린다. 그러나 그런 판단이 얼마나 위험한지 깨달았을 때는 이미 늦은 경우가 많다. 평소 폭넓고 객관적인 사고를 갖추어 존경받는 인물조차도, 자기 일에 대해서는 이상할 만큼 안이하거나 둔감한 태도를 보이곤 한다.

평판위기 관리 측면에서 가장 자주 목격되는 실책은 크게 두 가지 유형으로 나뉜다.

첫째, '왜 저런 일을 당할까?' 싶은 사례들이다. 조금만 조심했더라면 충분히 예방할 수 있었던 위기를 무시하거나 방치해 화를 자초하는 경우가 많다.

둘째, '왜 일을 저렇게 키우지?' 싶은 경우다. 위기는 불가피하게 발생할 수 있다. 위기 자체보다 더 치명적인 것은 잘못된 대응이다. 초기에 조금만 더 신속하고 정확하게 대응했더라면 큰 문제 없이 넘어갈 수 있었는데, 오만하거나 미숙한 태도로 대응하다가 걷잡을 수 없는 수준으로 사태를 키운다.

대부분의 위기는 예고나 조짐 없이 터지지 않는다. 교통사고나 일부 산불처럼 돌발적인 경우를 제외하면, 위기는 대부분 '조짐'이 있다. 작은 균열이 거대한 붕괴의 조짐이듯, 기업이나 조직, 개인에게도 작은 이상 신호가 감지되기 마련이다. 이런 조짐을 미리 인지하고 위기를 사전에 막는 것이 '최선(最善)'이다. 만약 이미 불씨가 튀었다면, 그 불이 더 번지기 전에 신속히 차단하는 것이 차선(次善)이다. 치명적 문제는 대개 '큰 위기'가 아니라 '작은 방심'에서 시작된다.

조짐을 무시한 대가

새 정부가 출범한 지 얼마 되지 않은 민감한 시기에 벌어졌던 일이다. A그룹에서 대관·홍보를 담당하는 임원 K 상무는 기자로부터 심상찮은 이야기를 들었다. 정권의 실세가 그룹의 B 회장에 대해 부정적 인식을 가지고 있으며 모종의 조치를 할지도 모른다는 정보가 있다는 것이었다.

K 상무는 고민에 빠졌다. '이걸 곧바로 보고해야 할까? 아니면 좀 더 확인한 후에 조치를 해야 할까?' 그는 후자를 택했다. 아직 확인되지도 않은 첩보 수준의 소문을 섣불리 보고했다가 불필요한 혼란을 초래할까 우려했던 것이다. 대신, 그는 사실 여부를 확인하기 위해 해당 기자와 다른 네트워크를 총동원해 조용히 정보 수집에 나서는 한편 그 소문이 기사화되지 않도록 하는 등 확산을 차단하는 데 집중했다.

그러나 상황은 그의 예상보다 훨씬 빠르게 악화되었다. 일부 언론 매체가 정권 일각의 움직임을 보도하면서 사태는 걷잡을 수 없이 번져 나갔고, 그가 들었던 정보는 현실로 나타났다. 결국, B 회장은 심각한 타격을 입었고, 그룹 역시 큰 피해를 보았다. 그 후 몇 년간에 걸친 법적 절차 끝에 B 회장이 무죄 판결을 받았지만, 그사이 B 회장과 회사는 막대한 타격을 입었고 이후 신뢰 회복에 많은 시간을 쏟아야 했다.

나중에 K 상무는 후회했다. '소문을 들었을 때 신속하게 소수의 사람이라도 공유하고 초기 단계에서 대응했더라면 사태가 이렇게 악화되지는 않았을 텐데…' 하지만 그의 후회는 이미 늦었다. 작은 소문이라고 생각했던 이슈가 방치되면서 회사 전체를 뒤흔든 것이었다. 이 과정에서 그가 저지른 가장 큰 실수는 그 정보를 단순히 '잠재울 수도 있는 확인되지 않은 문제'로 간주한 태도였다. 이 사건은 위기 초기 단계에서의 소통과 신속한 대응이 왜 필수적인지를 여실히 증명한다.

'하인리히의 법칙'이란 게 있다. 미국의 보험 전문가 허버트 윌리엄 하인리히가 제시한 개념으로, 산업 안전 분야에서 사고 발생 패턴과 그 상관관계를 설명한다. 핵심은 '1:29:300'의 공식이다. 1건의 큰 사고가 발생하기 전에는 29건의 경미한 사고와 300건의 사소한 징후(무사고 사건)가 동반된다는 것이다. 이 개념은 산업 안전에서 처음 등장했지만, 지금은 조직관리, 평판·위기관리 등 다양한 분야에서도 응용되고 있다.

이 법칙은 단순한 통계적 수치를 넘어, 조직 내부에서 작은 문제들을 간과하고 소홀히 처리할 때 결국에는 큰 재난으로 이어진다는 강력한 경고 메시지를 담고 있다. "소 잃고 외양간 고친다"라는 속담처럼 문제가 발생한 후에 후회하지 말고 사전에 작은 징후들을 포착하여 대비함으로써 큰 위기를 예방할 수 있음을 역설한다.

BP 딥워터 호라이즌 기름 유출 사고

2010년 4월, 미국 멕시코만에서 다국적 에너지 기업 BP(British

Petroleum)의 석유 시추선 딥워터 호라이즌 호가 폭발하면서 무려 87일 동안 엄청난 양의 기름이 바다로 흘러나왔다. 해양 생태계는 심각한 피해를 입었고, 수천 마리의 새와 바다거북 등 해양 동물이 목숨을 잃었으며, 지역 어업과 관광 산업이 막대한 손실을 보았다. 또한, BP는 법적 책임을 지게 되어 총 650억 달러(당시 환율로 약 74조 원)에 이르는 천문학적인 규모의 손실을 기록한 것으로 추정된다. 미국 역사상 최악의 유정 사고 중 하나로 평가되는 참극이다.

사고 원인을 파악한 여러 보고서는, 현장 엔지니어들이 안전 우려 사항들을 계속 제기했지만, 비용 절감을 우선시한 경영진들이 이를 대수롭지 않게 여겼고, 이것이 참상의 주요 원인 중 하나라고 분석했다.

특히 폭발의 직접 원인 중 하나로 지목된 시멘트 작업은 겉으로 보기에는 작은 기술적 실수 같지만, 실제로는 BP 내부의 비용 중심적 의사결정 구조, 안전 인식 부족 그리고 복합적인 리스크 관리 실패가 농축된 결과라고 지적하고 있다.

품질 경영의 대가 에드워드 데밍은 그의 대표 저서 《Out of Crisis(위기를 넘어서)》에서, 문제가 작을 때 발견해 해결하면 비용이 적게 들지만, 문제가 커지고 확산한 후에 대처하면 훨씬 큰 비용이 든다고 강조했다. 위기관리 전문가인 스티븐 핑크 역시 그의 저서 《Crisis Management: Planning for the Inevitable(위기관리: 피할 수 없는 것을 위한 계획)》에서 위기의 전조 단계를 포착하는 능력이 궁극적으로 기업의 생존을 결정한다고 강조했다. 이는 작은 징후라도 '설마'하고 넘어가지 않고 선제적으로 대응하는 것이 위기를 막고 조직의 존립을 보장하는 핵심이라는 점을 시사한다.

작은 문제는 왜 방치되는가?

사람들은 왜 눈앞에 뻔히 보이는 위기의 조짐들을 쉽게 간과하는 것일까? 전문가들은 이런 현상의 주요 원인으로 평범한 인간의 심리적 특성과 내부의 구조적인 문제점을 지적한다.

자기합리화

사람들은 특히 자기와 관련된 문제에 대해서는 낙관적으로 보려는 경향이 있다. '설마 나한테 그런 일이 일어나겠어?'라는 막연한 믿음에 의존한다. 더 정확히 말하면 그렇게 믿고 싶어 한다. 행동경제학자이자 심리학자인 대니얼 카너먼과 아모스 트버스키는 사람들이 미래에 발생할 수 있는 위험을 실제보다 과소평가하는 경향을 '낙관적 편향Optimistic Bias'이라고 불렀다. 즉, 미래를 실제보다 낙관적으로 예측하고 싶어 하며, 나쁜 일은 항상 '다른 사람'에게 일어나고 자신은 예외일 것이라고 믿는 것이다. 이러한 낙관적 편향으로 인해 눈앞의 작은 위험 신호를 심각하게 받아들이지 않고 간과하게 된다.

책임 회피와 소통 부재

조직 내부에서 문제가 발생하면, 명확하게 책임 소재를 규명하기보다는 그 책임을 다른 부서나 사람에게 떠넘기거나 침묵으로 무시하려는 경향이 나타난다. 괜히 먼저 나서서 불필요한 논란을 일으키지 않으려고 하는 것이다.

심리학자 존 달리와 비브 라타네가 주창한 개념인 '방관자 효과 Bystander Effect'는 이 현상을 이렇게 설명한다. "여러 사람이 함께 있을 때 개인의 책임은 분산되어, 누구도 적극적으로 행동하지 않는다는 것이다."

현상 유지 편향

문제를 해결하기 위해 적극적인 변화를 시도하기보다는 가능한 한 현재의 안정적인 상태를 그대로 유지하려는 심리가 작용한다. 윌리엄 새뮤얼슨과 리처드 제크하우저는 이러한 경향에 대해 '현상 유지 편향 Status Quo Bias'이라고 이름 붙였다.

사람들은 불확실성을 회피하려는 본능 때문에, 변화 시도가 현재 상태에 머무르는 것보다 이득임에도 불구하고 익숙한 현재를 선호하게 된다.

What to do

☑ 조기 경고 체계 구축

정기적인 모니터링과 분석, 보고 시스템을 도입해 작은 위험 신호도 조기에 감지하고 신속히 대응할 수 있는 기반을 마련해야 한다. 정기 건강 검진으로 질병을 초기에 발견하듯, 철저한 조기 경고 체계는 위기 예방의 시작점이다.

먼저, 조직 구성원들이 어떤 문제든 자유롭게 제기할 수 있는 개방적인 소통 체계를 구축해야 한다. 내부 고발자 보호 제도를 강화하고, 효과적인 보고 시스템을 마련함으로써 잠재적 위험 요소에 관한 신호나 정보가 조직 전체에 신속히 공유되고, 통합적인 대응이 가능하도록 해야 한다.

"가랑비에 옷 젖는다"는 속담이 있듯이, 사소한 것이라도 방치하면 큰 피해로 이어질 수 있다.

☑ 사전 시뮬레이션과 훈련

위기의 발생 시점을 정확히 예측하는 것은 어렵다. 그러나 다양한 시나리오를 설정해 사전 시뮬레이션으로 대응 방안을 준비하고 반복적으로 연습한다면, 실제 위기 시 훨씬 더 효과적인 대응이 가능하다. '레드팀Red Team' 접근법은 효과적인 사전 대응 전략의 하나다. 조직이나 시스템이 취약점을 인위적으로 탐색·공격하는 가상의 팀을 두어, 공격자의 시각에서 시스템의 약점을 미리 발견하고 개선 대안을 마련하는 방법이다.

아마존은 '워킹 백워드Working Backward'라는 독특한 제품 개발 철학을 실천한다. 이것은 신제품이나 서비스를 개발하기 전에 가상의 보도자료를 작성하여 예상 고객의 반응과 질문, 잠재적 문제를 미리 점검하고 내응 방안을 미련하는 것이다.

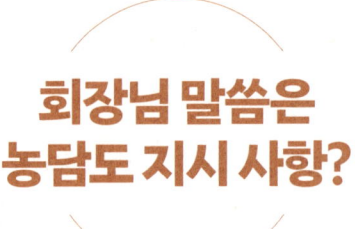

회장님 말씀은 농담도 지시 사항?

> 말하는 사람은 특별한 뜻이 없으나,
> 듣는 사람은 마음에 둔다.
> – 중국 속담

인사권자의 한마디가 갖는 무게

국내외에 방대한 점포망을 보유한 대기업 A사의 이야기이다. 어느 날 A사의 B 회장이 본사 회의실에서 임원 회의를 마치고 나오던 길에 회의실 한쪽 벽을 가리키며 무심코 말했다. "난 저 색깔이 별로더라."

그로부터 몇 주 후, 직장인 익명 커뮤니티 앱 〈블라인드〉에 직원들의 불만이 터져 나왔다. "왜 갑자기 점포 벽 색깔을 바꾸라고 난리인지 모르겠다." 알고 보니, 전국 점포의 매장 벽 색깔을 바꾸라는 것이 '회장님 지시 사항'으로 내려왔다는 것이다. 회장이 툭 던진 한마디가 공식적인 지시로 둔갑했던 것이다. 평소 회장의 신임을 얻고 있던 한 임원이 회장의 혼잣말을 듣고 즉각 실행에 옮겼다고 한다.

대부분의 다른 임원들은 그 배경을 정확히 알지도 못했거나, 뭔가 이상하다고 느끼면서도 모른 척했다. 회장의 의중을 정확하게 파악하지 못한 채 괜히 나섰다가 회장의 심기를 거스를 필요는 없다고 생각했기 때문이다. 그러는 사이, '색깔 바꾸기' 작업은 속전속결로 진행되었다.

더 큰 문제는, '회장이 좋아하는 새로운 색깔'의 명확한 기준이 없어 본사의 관련 부서 직원들은 물론 일선 지점의 직원들까지 불필요한 시간과 자원을 낭비해야 했다는 점이다. 당연히 현장 직원들의 불만이 터져 나올 수밖에 없었다.

뒤늦게 중단 지시가 내려졌지만, 이미 SNS를 통해 '비효율의 극치'란 비판과 함께 회장과 임원진에 대해 온갖 비난이 쏟아졌고 상당한 비용도 낭비된 상태였다. 결국, 몇몇 점포의 벽 색깔이 바뀌었고, 많은 직원이 시간을 허비했다.

권위적 기업 문화의 명리학

A사의 경우는 그나마 내부 불만과 일부 예산 낭비 선에서 사태

가 마무리되었기에 상대적으로 나은 편이었다. 내부에서 조용히 덮였을 뿐이지 훨씬 더 심각한 사례들도 많다.

자체적으로 별로 심각하지 않다고 간과하던 일이라도 일단 외부에 알려지면 상황은 이전과는 전혀 다른 국면을 맞는다. 평소에는 별다른 관심을 끌지 않던 일도, 언론 보도나 폭로 등으로 외부로 알려지는 순간 세상의 이목이 쏠리고 언론의 집중 취재와 후속 보도가 이어지면서 사태는 눈덩이처럼 커진다. 이런 상황이 되면 경찰, 검찰, 노동계, 시민단체는 물론 정부 관련 부처와 정치권까지 나서면서 해당 인물과 회사는 그야말로 쑥대밭이 되는 최악의 경우가 비일비재하다.

2019년 국내 대기업 B그룹은 최고경영자의 집안 행사를 위해 일부 사원들이 춤과 노래를 연습하여 공연했다는 폭로가 제기되며 거센 비난을 받았다. 몇몇 직원들이 강요된 행사로 인해 불쾌감을 호소했다는 보도도 쏟아졌다. 회사 측은 자발적인 참여였다고 해명했지만, 이는 직원들의 증언과는 배치되는 주장이었고 그 결과 B사와 CEO는 여론의 질타를 받았다.

몇 년 후 C그룹에서도 유사한 논란이 벌어졌다. 송년 행사를 위해 수백 명의 직원이 강제로 춤 연습을 했다는 의혹이 제기되었고, 근무 시간에 춤 연습을 하느라 밀린 업무를 야근으로 처리해야 했다는 직원들의 불만이 터져 나왔다. 회사 측은 자신들은 몰랐으며, 윗사람의 지시도 아니었다고 주장했지만, 이 회사는 노동부 특별감사를 받는 등 곤욕을 치렀다.

한 외식 프랜차이즈 기업에서는 오너의 개인적인 일탈 논란이 불거지면서 본사뿐 아니라 가맹점까지 소비자 불매운동의 영향을 받는 등 피해를 보았다. 이 과정에서 불합리한 업무 지시나 성희롱 논란까지 불거지며 기업 이미지는 크게 훼손되었다. 사건은 '갑질' 파동으로 확대되면서 더욱 큰 사회적 비난을 받았다.

외국에서도 비슷한 사례를 찾을 수 있다. 2018년 8월, 미국 테슬라의 CEO 일론 머스크가 자신의 SNS에 "테슬라를 주당 420달러에 비공개 전환하는 것을 고려 중이며, 자금은 확보됐다"라는 글을 올려 시장에 큰 파장을 불러일으켰다. 이 발언은 미국 증권거래위원회(SEC)의 조사로 이어졌다. 결과적으로 머스크와 테슬라가 각각 2,000만 달러의 벌금을 내는 합의에 도달했으며, 머스크는 이사회 의장직에서 물러났다. 이 사건은 기업 오너 또는 CEO의 발언이 시장과 기업의 명운에 어떤 영향을 미칠 수 있는지를 보여주는 대표적 사례로 자주 인용된다.

이러한 사건들이 일어났을 때, 기업이나 조직의 공식 입장은 대체로 비슷하다. "회장님은 몰랐다.", "그런 식의 지시를 내린 적이 없다.", "직원들이 자발적으로 한 것이다." 등의 해명이 즉각적으로 나온다. 그리고 나중에 이러한 발언이나 의혹이 사실로 확인된 후에는 "그런 뜻은 아니었다"라는 해명이 덧붙여진다. 그러고는 내부의 불만을 가진 전·현직 직원이나 노동조합, 경쟁 업체, 그리고 때로는 이를 보도한 언론을 탓하곤 한다.

물론 당하는 사람이나 기업·조직 입장에서는 억울한 측면도 있을 수 있다. A사 CEO의 경우처럼 실제로 본인은 전혀 의식하지 못한 채 일이 진행되는 경우도 있다. 하지만 문제는, 이러한 해명이 사태를 진정시키거나 여론을 설득하지 못한다는 점이다.

이미 사건이 퍼질 대로 퍼진 후에는 기업의 이런 해명이 오히려 불신을 증폭시키고, 심지어 해명 자체가 조롱거리가 되는 경우도 많다. 설령 나중에 사실이 아닌 것으로 밝혀진다 하더라도, 한번 실추된 기업의 신뢰를 회복하는 데는 막대한 비용과 시간이 필요하다.

왜 이런 일이 반복되는가

기업들이 숱한 경고를 듣고 위험 사례를 목격했음에도 불구하고 왜 이런 사건·사고가 좀처럼 줄어들지 않는 것일까? 임원이나 실무진 등 부하 직원들의 과잉 충성이 문제일까, 아니면 뿌리 깊은 군대식 조직 문화가 원인인가? 무관심 혹은 그러한 기회를 악용하는 일부 사람들이 문제일까?

이런 여러 요소가 복합적으로 작용하지만, 가장 근본적인 문제는 기업 오너나 CEO, 기관장을 비롯한 최고 의사결정권자와 고위 경영진의 무신경과 무감각, 무책임에 있다고 해도 과언이 아니다. 그들이 자신의 영향력을 제대로 인식하지 못하기 때문이다.

기업에서 오너의 뜻에 반대 의견을 제시할 수 있는 사람은 거의 없다고 해도 과언이 아니다. 임·직원 입장에서는 사실상의 생사여탈권인 강력한 인사권을 가진 오너 회장의 말을 정확히 확인할 기회도 많지 않을 것이다. 오너가 아니라도 인사권을 쥔 사람이라면 마찬가지다. 이러한 상명하복식 문화는 조직의 효율성을 떨어뜨릴 뿐만 아니라, 심각한 평판위기를 초래할 위험이 크다. 에드워드 데밍은 "문제는 일하는 직원이 아니다. 문제는 시스템과 그것을 만든 경영진에 있다"라고 지적했다.

권력 거리Power Distance가 큰 조직, 한국 기업처럼 아직도 군대식 상하관계가 뚜렷한 조직일수록 이러한 현상이 더 심하다.

노조 활동을 포함해 견제의 눈길이 많아지고 사회적 감수성이 높아지면서 이러한 불합리한 분위기가 많이 개선된 것은 사실이지만 여전히 적지 않은 조직과 기업에서는 권위적인 조직 문화가 남아 있다. 특히 가업을 이어받은 3~4세 경영진이 전면에 등장하면서 기업의 사유화 경향이 강해지거나, 아직도 제도적 견제 장치가 부족하고 외부의 눈길이 덜 미치는 중견·중소기업에서는 이런 현상이 더욱 심하다는 지적이 많다. 일부 '주인 없는 기업', 소위 소유 분산 기업에서는 또 다른 측면에서 이와 유사한 때로는 더욱 심각한 문제로 나타나고 있다는 언론 지적도 많다.

오랜 공직 생활을 마치고 민간 기업으로 옮긴 사람들이 종종 하는 말이 있다. "공직 사회도 상명하복 문화가 강하지만, 장관에게는 한 번 찍혀도 다른 부서로 이동해 기다리면 기회가 온다. 그러나 민간 기업은 다르다. 오너에게 한 번 찍히면 재기가 불가능하다."

넷플릭스의 공동 창업자 리드 헤이스팅스는 자신의 책《규칙 없음》에서 '아무도 진실을 말해주지 않을 때 회사는 결국 실패한다'는 교훈을 일깨운다.

What to do

☑ **리더십의 책임 인식 강화**

오너나 CEO, 기관장 등 의사결정권과 인사권을 가진 사람은 자신의 말이 갖는 무게를 진지하게 인식해야 한다. 기업이나 조직에서 대형 사고는 대개 고위 경영진 혹은 리더로부터 시작되며, 언론과 외부의 관심도 그들에게 집중된다. 따라서 리더는 항상 자신이 먼저 '내 말이 어떻게 받아들여질까?'를 한 번 더 생각한 후 말해야 위험을 크게 줄일 수 있다.

☑ **소통 구조 개선과 심리적 안전 확보**

인사권자가 귀를 여는 것도 중요하지만 개인적 판단과 결정에만 의존하는 데는 한계가 있다. 문제 해결은 시스템 차원에서 이뤄져야 한다. 특히 의견 제시나 반론 제기 시 불이익을 받지 않는 환경과 시스템이 필요하다.

스웨덴의 가구 기업 이케아IKEA는 합의를 중시하는 기업 문화로 알려져 있으며, 경영진의 일방적 판단보다는 토론과 다양한 의견 개진을 장려한다. 이 과정에서 누군가는 의도적으로 다른 시각이나 반대 의견을 내어 '악마의 변호인Devil's Advocate' 역할을 하도록 유도되며, 이를 통해 의사결정의 허점을 드러내고 보완할 기회를 만든다. 이러한 문화와 시스템은 리더십의 잘못된 결정을 사전에 줄이는 안전장치로 평가된다.

☑ **실행 전 확인 절차 마련**

상급자의 발언이나 지시를 실행에 옮기기 전에 반드시 명확한 확인 절차를 두어야 한다. 내부 소통 플랫폼을 적극 활용하여 조직 전체의 방향성을 공유하고, 오해로 인한 불필요한 문제 발생을 예방해야 한다.

등잔 밑이 어둡다

신뢰하되 검증하라.
-로널드 레이건(미국 제 40대 대통령)

적은 가까운 데 있다

'등하불명(燈下不明)', 등잔 밑이 어둡다는 이 오래된 속담은 현대 기업이나 조직 경영에서도 여전히 큰 교훈을 준다. 가장 가까운 곳에 있는 위험을 간과하기 쉽다는 이 지혜는 개인의 삶뿐만 아니라 기업과 조직의 평판관리에도 그대로 적용된다.

"설마 그 친구가 그럴 줄 몰랐다." 배신을 당한 사람들의 공통된 반응이다. 특히 정치권과 조직 경영에서는 '배신'이라는 단어가 자주 등장한다. 믿고 지원하고 키운 후계자가 등을 돌리거나, 조직의 주요 인물이 치명적인 내부 정보를 외부로 흘리는 일이 심심찮게 벌어진다. 믿고 따랐던 동료, 선배나 보스, 때로는 후배가 등을 돌리는 경우도 허다하다. 이러한 현상은 단순한 개인적인 아픔을 넘어 조직 전체의 평판위기로 확대되는 경우가 많다.

대표적인 배신의 사례를 역사에서 찾으면 로마의 율리우스 카이사르와 브루투스의 이야기가 떠오른다. 기원전 44년 3월 15일, 카이사르는 자신이 신뢰했던 브루투스를 포함한 원로원 의원들에게 둘러싸여 칼에 23번 찔려 숨을 거두었다. 카이사르는 마지막 순간 "브루투스, 너마저도?Et tu, Brute?"라는 말을 남긴 것으로 셰익스피어의 희곡에서 극적으로 묘사된다. 가까운 사람을 신뢰하는 것은 당연한 일이지만, 때로는 그 신뢰가 가장 파괴적인 위기를 불러올 수 있음을 보여주는 사례다.

범죄 수사에서도 '등잔 밑 이론'은 자주 활용된다. 오히려 가까운 관계일수록 범죄가 일어날 동기나 기회가 더 많다는 것이다. 경찰청의 2023년 범죄 분석 통계에 따르면, 살인 및 살인미수 사건 피의자의 약 24.6%가 현재 또는 과거의 배우자, 연인 등 '친밀한 관계'에 있는 사람을 대상으로 범행을 저지른 것으로 나타났다.

과도한 신뢰가 불러온 위기

A그룹의 사례를 보자. 한 고위 임원이 하루는 회장에게 조심스

럽게 말했다. "회장님, B 님에 대해 한번 신중하게 살펴보시는 게 어떨까요?" 그러나 회장은 "그 사람? 내가 몇 년을 알고 지낸 사람인데, 뭘 더 알아봐야 해?"라며 그의 우려를 가볍게 넘겼다. 회장은 자신이 오랫동안 알고 지낸 B 씨를 굳게 믿고 주요 의사결정은 물론 핵심 사업까지 맡겼다.

B 씨는 한동안 결단력 있게 일을 추진하며 상당한 성과를 보였고, 그 과정에서 회사 내에서 실질적인 2인자로 빠르게 성장하며 막강한 권한을 휘둘렀다. 그러나 시간이 지나면서 문제점이 하나씩 드러났다. 그가 보여준 성과의 상당 부분은 과장되거나 단기적인 것이었고, 조직 내부에서는 그의 독단적인 행보에 대한 불만이 팽배한 상태였다. 그러나 회장의 절대적인 신임을 받는 인물이었기에 누구도 감히 문제를 제기하지 못했다.

회장이 B 씨의 문제점을 인지했을 때는 이미 너무 늦었다. B 씨는 방대한 내부 정보와 막대한 권한을 확보해 회장도 마음대로 조치할 수 없는 상태였고, 상황을 바로잡는 데 많은 시간과 비용이 소요되었다. 회사의 경영은 혼란에 빠졌고 내외부 신뢰도도 크게 떨어졌으며 회장의 리더십 또한 심각한 타격을 입었다. "어떻게 이런 일이…." 회장은 뒤늦은 후회를 했지만, 이미 되돌릴 수 없는 상황이 되었다.

C그룹 D 회장의 경우도 크게 다르지 않다. 그에게는 눈에 넣어도 아프지 않을 정도로 아끼는 후배가 있었다. D 회장은 주변의 우

려에도 불구하고, 그 후배를 후계자로 키우기 위해 물심양면으로 지원을 아끼지 않았다. 그 과정에서 무리한 결정도 서슴지 않았고, 결국 뜻을 이뤘다. 그는 후배가 자신의 뜻을 잘 이어받아 그룹을 훌륭하게 이끌어줄 것으로 믿었다.

하지만 그의 기대는 물거품이 됐다. 그가 강한 배신감을 느끼고 자신의 결정을 후회하는 데는 1년도 채 걸리지 않았다. 그 후계자가 취임한 후 C그룹의 경영은 D 전 회장의 의도와는 전혀 다른 방향으로 전개됐고, 시간이 흐르면서 갈등이 깊어져 두 사람은 사실상 등을 돌리고 말았다. D 회장은 땅을 치고 후회했지만 이미 배는 떠나간 후였다. 그룹의 실권은 이미 후계자에게 넘어간 뒤였다.

힘 있는 사람 앞에서는 마치 입안의 혀처럼, 간이라도 빼줄 것처럼 행동하다가, 그 사람이 힘이 빠지거나 도움이 안 된다 싶으면 바로 등을 돌리는 사례는 너무 흔하다.

믿는 도끼에 발등 찍히는 사례는 예상치 못한 내부 고발의 형태로 나타나기도 한다. 한 중견기업 경영자 G 회장의 사례를 보자. 그는 주 52시간 근무제 도입으로 수십 년을 함께했던 수행 기사를 어쩔 수 없이 내보내야 하는 상황에 놓였다. 아쉬운 마음에, 나름대로 성의를 다해 퇴직에 필요한 조치를 하며 그를 떠나보냈다. 그런데 갑자기 예상치 못한 일이 벌어졌다.

"그동안 회장님을 모시면서 온갖 부당한 대우를 받았습니다. 이에 대한 정당한 보상을 요구합니다." 오랜 기간 가족처럼 지냈다고 믿었던 수행 기사가 갑자기 과거에 부당한 대우를 받았다고 주장하며 거액의 배상을 요구해온 것이다. 심지어 그는 자신이 겪었던 '불미스러운 일들'을 상세히 기록해 놓았으며, 요구가 받아들여지지 않으면 언론에 폭로하겠다는 말도 했다.

G 회장은 협상을 통해 최악의 사태를 막았지만, 상당한 금전적 손실을 감수해야 했다. 돈도 돈이지만 믿었던 사람에게 배신을 당했다는 자괴감은 그로서는 견디기 힘든 것이었다. 그는 씁쓸한 표정으로 말했다. "몇십 년을 함께 가족처럼 믿고 지냈는데, 설마 이런 일이 벌어질 줄은 상상도 못 했습니다."

그나마 G 회장은 운이 좋은 경우였다. 상황이 비교적 조용히 마무리되었기 때문이다. 비슷한 시기에 유사한 문제를 겪었던 다른 여러 중소기업에서는 소송으로까지 번져 법정 다툼을 벌이는 경우도 많았다.

내부 고발, 경고인가 배신인가?

현대 조직·기업들이 개인의 배신 못지않게 두려워하는 것 중 하나가 '내부 고발'이다. 내부 고발자 보호법이 강화되고, SNS를 통한 정보 공유가 쉬워지면서 내부 고발은 급격히 증가하는 추세다.

미국 증권거래위원회(SEC)에 접수된 내부 고발 건수는 꾸준히 증가하고 있다. 2023 회계연도에는 1만 8,000건이 넘는 내부 고발이 접수되어 역대 최고치를 기록했으며, 2024 회계연도에는 그 규모가 더욱 늘어나는 추세다. 물론 상당수가 일부 소수에 의해 제기됐다는 지적도 있지만, 그럼에도 불구하고 조직 내부의 문제가 빠르게 외부로 확산되는 추세는 거스를 수 없다(SEC Annual Report 2023, 2024 참조). 한국도 공익 신고자 보호법 등으로 내부 고발에 대한 보호 장치가 강화되면서 다양한 형태의 내부 고발이 늘어나고 있다.

일본 닛산 자동차의 전 CEO 카를로스 곤의 사례는 내부 고발과 배신의 복잡한 역학을 보여준다. 한때 파산 직전의 닛산을 살린 영웅으로 불렸던 곤은 2018년 11월, 회사 자금 유용 및 보수 축소 신고 혐의로 일본에서 체포되었다.

체포 과정에서 밝혀진 사실은 닛산 내부 인사들이 일본 검찰과 협력하여 곤을 고발했다는 것이다. 곤은 이후 "닛산 내부에서 등에 칼을 맞았다"라며 강하게 반발했다. 그는 이 상황이 자신이 추진하던 닛산과 르노의 경영 통합 계획에 반대하는 세력의 음모라고 주장했다.

흥미로운 점은 이 사건을 바라보는 양측의 극명한 시각 차이다. 곤은 자신이 배신당했다고 주장하는 반면, 닛산 측은 오히려 곤에게 배신당했다고 생각했다. 곤의 후임이었던 닛산 당시 CEO 히로토 사이카와는 "오랫동안 믿고 따랐던 상사에게 배신당했다는 강한 분노를 느낀다"고 말했다(Bloomberg, 2018, Nov. 19. Nissan's Saikawa Betrayed by 'Colleague and Mentor' Ghosn).

되풀이되는 지인의 배신

왜 이처럼 특히 가까운 사람에 의해 치명적인 실망감을 맛보는 사태가 끊임없이 반복되는 것일까? 심리학적 관점에서 보면, 인간은 가까운 사람에게 더 많은 신뢰를 부여하고 그런 만큼 경계심을 낮추는 경향이 있다. 이를 '친밀성 편향Familiarity Bias'이라고도 부른다. 익숙하고 편안한 관계에서는 상대방의 행동이나 판단을 긍정적으로 해석하려는 경향이 강하다 보니, 부정적인 부분과 문제의 조짐을 놓치기 쉽다. 마치 익숙한 길을 운전할 때 방심하여 사고 위험이 커지는 것처럼, 편안하고 익숙한 사람에게는 경계심을 풀게 되면서 예상치 못한 위기로 이어질 수 있다.

조직이든 개인 관계든 기본적으로 신뢰가 중요하지만, 견제와 균형이란 시스템이 없다면 그 이면에 늘 배신과 실망의 위험이 도사리고 있다. 특히 조직이나 기업에서 견제나 검증 없는 맹목적인 신뢰는 두 가지 심각한 문제를 일으킬 수 있다.

첫째, '지나친 신뢰'는 중요한 문제점이나 위기의 징후를 간과하게 만든다. 둘째, 특정 개인에게 권한이 집중되면 조직 내 견제와 균형 시스템이 무너진다. 결국, CEO나 리더는 걸러진 정보만을 접하게 되고, 문제가 발생했을 때는 이미 손을 쓸 수 없는 상황에 놓이게 된다.

믿음이 클수록 배신당했을 때의 상처 또한 깊다. 개인뿐 아니라 조직이 입는 상처는 더욱 심각하다.

What to do

☑ **안전장치 구축**

리더십의 핵심은 신뢰와 검증의 균형을 유지하는 데 있다. 믿는 사람에게 권한을 위임하되, 반드시 그 과정을 검증하고 견제할 시스템을 구축해야 한다.

월마트는 '글로벌 윤리 헬프라인'을 운영하여 직원들이 익명으로 문제를 제보할 수 있도록 한다. 이러한 시스템은 CEO나 조직의 장, 리더가 왜곡되지 않은 정보를 얻고, 내부 갈등을 초기에 해결하는 데 도움을 준다.

IBM의 경우, '스피크 업 Speak Up'이나 '오픈 도어 Open Door' 정책과 같은 제도를 통해 직원들이 직속 상급자를 거치지 않고도 고위 경영진과 직접 소통할 수 있는 채널을 운영하고 있다.

☑ **권한 분산**

특정 개인에게 권한이 집중되는 것을 막고, 주요 의사결정은 반드시 교차 검토와 협업을 통해 이루어져야 한다. 이는 조직 내 견제와 균형을 유지하며, 평판위기를 예방하는 데 효과적이다.

☑ **외부 시각 활용**

최고 의사결정권자는 외부 전문가나 객관적 시각을 가진 이의 의견을 폭넓게 들어야 한다. 이는 '집단 사고 groupthink'의 위험을 줄이고 객관적인 시각을 유지하는 데 도움이 된다.

우리는 다릅니다

리더십 최고 단계인 '레벨 5' 리더는
개인적 겸손과 전문적 의지를 동시에 갖춘 인물이다.
이들은 개인의 야망이 아닌, 조직의 성공을 위해 혁신적으로 앞장선다.
- 짐 콜린스,《좋은 기업을 넘어 위대한 기업으로》

착각과 오만이 초래한 실패의 연대기

"우리는 다릅니다." 십수 년 전 새 정부 출범 직후, 청와대 부근에서 만난 한 고위 인사는 자신만만하게 말했다.

"왜 대부분의 정권이 과거의 실패를 되풀이하는지 모르겠다"라는 고언(苦言)에 그는 "우리 정부는 전임 정부와 다를 겁니다"라고 자신 있게 단언하며 "두고 보라"고까지 했다. 하지만 불과 몇 달 후, 그들 역시 전임 정부와 똑같은 실수를 반복하거나, 때로는 더 심각한 오류를 범하는 것을 보며 씁쓸한 미소를 짓지 않을 수 없었다.

정권이 바뀔 때마다 새 정부는 새로운 정책과 비전을 내세우며

"이전과는 다르다"는 자신감을 드러내고, 전임자의 정책을 폐기하며 새로운 색을 입히려 한다. 그러나 시간이 지나면 비슷한 실패의 길을 걷고 있음을 쉽게 목격하게 된다. 자신이 남들과 다르다는 확신 속에서 과거의 '실패'를 지우고 새로운 미래를 제시하려는 시도는 때로는 혁신을 가져오기도 하지만, 종종 자신뿐 아니라 조직과 나라를 위기에 빠뜨릴 수도 있다.

이러한 착각과 오만은 비단 정치권만의 이야기가 아니다. 정부나 기업, 조직, 심지어 개인들 사이에서도 '우리는 다르다', '나는 다르다'는 착각과 오만이 유사한 실패를 불러온다. 이들은 과거의 교훈을 무시한 채 전임자의 흔적을 지우고 새로운 방향으로 나아가려 하지만, 그 과정에서 조직 내부의 혼란과 정체성 상실, 그리고 고객 신뢰의 추락이라는 위기를 초래한다.

'전임자 지우기'에 대한 집착과 부작용

오너가 없는 공기업은 말할 것도 없고, 관변 단체 그리고 민영화된 '소유 분산 기업'에서도 새 CEO가 부임하면 가장 먼저 하는 일 중 하나가 '전임자 지우기'이다. 후임자가 자신의 색깔을 입히려고 시도하기 때문이다.

A사의 사례를 보자. 이 회사는 오너가 없고 사업 구조상 정부의

입김이 미칠 수밖에 없는 구조였다. 그래서 최고경영자가 임명되는 과정에 외부의 힘이 작용하는 경우가 많았다. 이러다 보니 정권이 바뀌면 CEO가 교체되기 일쑤였고, 새로 부임한 CEO는 전임자가 오랜 시간과 막대한 자금을 투입해 구축한 전략과 정책, 브랜드를 상당 부분 폐기했다.

A사의 B 사장은 재임 기간 몇 년에 걸쳐 새로운 장기 프로젝트를 발굴하고 이를 중심으로 새로운 대표 브랜드를 구축하고, 모든 상품과 서비스에 해당 로고를 부착하는 한편 많은 돈을 들여 광고와 홍보를 했다. 대대적인 인력 구조조정과 사업 포트폴리오 개편, 조직 문화 혁신 등의 기치를 내걸고 사업 방향도 수정했다. 그러나 몇 년 후 CEO가 바뀌면서 이 프로젝트와 브랜드는 대부분 사라졌다.

그리고 몇 년 후 또 다른 CEO가 부임하면서 비슷한 일이 반복되었다. 이러한 일이 수차 되풀이되면서 A사는 점차 경쟁력을 잃어갔다. 서비스의 일관성은 약해지고 브랜드 정체성은 흔들렸으며, 고객 신뢰와 충성도는 낮아져 결국 경쟁력 하락과 매출 감소로 이어졌다. 전임자를 지우려는 시도가 오히려 회사의 경쟁력을 약화시키고, 고객과 주주의 신뢰를 떨어뜨리는 결과를 낳은 것이다.

정부의 입김이 강하게 미쳤던 시절, 분명한 소유 구조(오너십)가 없는 금융권 또한 상황은 크게 다르지 않았다. 은행 등 일부 금융 기관뿐만 아니라, CEO 교체가 잦은 소유 분산 기업에서는 '빅 배스$_{\text{big bath}}$' 회계 기법이 자주 활용됐다. 예를 들어, 모 시중은행의 경우 CEO 교체 시기마다 대손충당금을 대폭 추가 적립하여 영업이익과 순이익을 크게 줄였다. 그 결과 자연스럽게 이듬해에는 실적이 크게 개선되는 패턴을 보였다. 물론 이러한 조치는 과거의 부실을 일시에 정리한다는 의미도 있다. 그러나 새로 온 CEO가 전임자의 부실을 미리 정리해 놓음으로써 이후 자신의 경영 성과를 부각하려는 의도도 있다는 해석이 많다. M사, H사 등 일부 증권사들에서도 CEO 교체 이후 실적 변동 폭이 컸던 사례가 보고되었다.

심지어 어떤 공기업에서는 정권 교체 후 CEO가 바뀌는 과정에서 업무 인수인계조차 제대로 이뤄지지 않는 극단적 사례도 있었다. 이는 다양한 연구 단체의 공기업 지배구조와 경영 성과 관련 논문과 보고서에서 지속적으로 지적되어온 문제다.

물론 일부 소유 분산형 기업에서는 경영권을 쥔 인물이 연임을 무리하게 시도하다가 오히려 상황을 악화시키는 경우도 적지 않아, 이런 부작용을 막기 위한 제도적·시스템적 장치는 마련되어야 한다. 다만, 위에서 언급한 CEO 교체 과정의 무분별한 '바꾸기를 위한 바꾸기'가 불러오는 혼란과 그에 따른 폐해는 더욱 심각하게 접근해야 할 이슈다.

조직 리더십

어떤 조직에 새로운 리더가 부임했는데, 전임자가 그에게 주머니 세 개를 건네며 "위기에 직면했을 때 사용하라"라고 말했다. 시간이 흘러 새 리더는 큰 어려움에 부닥쳤다. 그가 첫 번째 주머니를 열어보니 쪽지가 들어 있었다. 거기에는 "전임자를 비난하라"라고 적혀 있었다. 이후, 두 번째 위기에서 열어본 쪽지에는 "사람을 바꿔라"라고 적혀 있었다. 그리고 세 번째 위기 때 열어본 마지막 주머니에는 "당신도 주머니 세 개를 준비하라"고 적힌 쪽지가 들어 있었다고 한다.

이 이야기는 리더십 변화기에 나타나는 익숙하고 씁쓸한 패턴을 보여준다. 새 CEO나 경영진, 리더가 오면 전임자의 실패를 앞장서서 부각하며 자신이 새로운 길을 열 것이라고 변화를 강조하지만, 장기적으로 이는 조직 구성원들의 불안감을 증폭시키고, 조직을 흔들리게 만들며, 성과 퇴보로 이어지는 경우가 많다.

조직의 근본 철학이나 방향, 경영의 주안점 등이 언제, 어떻게 바뀔지 예측하기 어려우니 조직 구성원들은 업무에서 적극성을 보이지 않게 된다. 그리고 이는 조직의 안정성과 신뢰를 떨어뜨리는 결과로 이어진다. 그러다 보니 어느 정도 고위직이 되면 회사의 경영과 미래 전략에 주력하기보다는 '어느 쪽으로 줄을 서야 할지' 눈치를 보는 이들이 늘어난다. 이런 조직은 결코 건강하지 못하다. 전략 또한 대개 단기적 성과에만 초점이 맞춰져 조직의 장기적 안정성을 해치는 경우가 많으며, 조직 내 경험 축적에도 부정적인 영향을 미친다.

물론 "새 술은 새 부대에"란 성경 구절처럼, 리더십 변화 과정에서 전임자 지우기의 불가피한 측면도 존재하고 개혁 또한 끊임없이 필요하다. 전임자의 정책 중 잘못된 것이 발견될 수도 있다. 문제는 '바꾸기 위한 바꾸기' 차원의 무리한 전임자 지우기가 너무 많이 되풀이된다는 것이다.

리더십 교체 과정에서 전략적 연속성을 유지하며 성공적인 성장을 이룬 글로벌 기업이 적지 않다. 마이크로소프트의 CEO 사티아 나델라는 전임자의 전략을 생산적으로 계승하여, 마이크로소프트의 강점을 새로운 클라우드 전략에 성공적으로 접목시켰다. 그는 "과거의 성공에서 배우되, 거기에 안주하지 않고 미래를 향해 나아가는 것이 중요하다"라는 원칙을 강조했으며, 이러한 접근 방식은 마이크로소프트의 클라우드 비즈니스를 눈부시게 성장시키는 원동력이 되었다. 이는 그의 인터뷰나 저서 등에서 꾸준히 강조된 경영 철학이다.

What to do

☑ **단절하기보다 계승·활용하라.**

　새로운 리더는 전임자의 정책과 성과를 무조건 부정하기 전에, 먼저 그 배경과 성과의 맥락을 분석하고 발전 가능성을 모색해야 한다. 이 과정은 조직 구성원들에게 연속성과 안정감을 주며, 신뢰와 협업의 분위기를 조성한다. 전임자의 성과를 내 것으로 만들 수도 있다.

　새 리더는 멀지 않은 장래에 나도 똑같은 상황에서, 똑같은 일을 당할 수 있다는 점을 미리 생각해야 한다. 힘을 쥐었을 때는 그것이 영원할 것 같지만, '권불십년(權不十年)'이란 말처럼 모든 권력에는 유효 기간이 있다.

☑ **조직의 핵심 가치는 건드리지 마라.**

　바꿀 것은 바꾸더라도 최소한 조직 고유의 핵심 가치는 건드리지 않아야 한다. 조직의 핵심 가치는 오랜 세월에 걸쳐 공유된 정체성과 철학의 축적물로, 급격한 변화 속에서도 일관성을 유지하는 버팀목이 된다. 리더십에 관한 전 세계의 다양한 연구 결과는 변화와 혁신의 성패를 가르는 중요한 기준으로 '핵심 가치의 일관성 유지'를 제시한다.

☑ **조금은 겸손해라.**

　리더는 언제나 겸손을 바탕으로 귀를 열고 다양한 의견을 수용할 수 있어야 한다. 겸손한 리더십은 조직 내 심리적 안정감과 적극적 참여를 유도하고, 변화 과정에서도 창의적 문제 해결력을 높인다. 그래야 귀도 열리고, 옆의 소리도 들린다.

　미국 조직심리학자 브래드포드 오웬스는 겸손한 리더가 팀원들이 하는 행동과 성과에 긍정적 영향을 미친다고 밝혔다. 또한, 영국 케임브리지 대학의 연구 보고서 등에 따르면 겸손한 리더십 스타일이 변화와 혁신의 시기에 직원 참여와 조직 탄력성, 성과 향상으로 이어진다고 한다.

선무당이 사람 잡는다

무지는 종종 지식보다 더 큰 자신감을 낳는다.
- 찰스 다윈, 《인간의 유래》

전문성의 차이가 결과를 결정한다

"선무당이 사람 잡는다[生巫殺人]"라는 속담은 깊은 교훈을 던져준다. 어설프게 아는 것이나 불완전한 지식이 때로는 아예 모르는 것보다 더 위험한 결과를 초래할 수 있음을 일깨운다. 서양에도 이와 유사한 격언들이 있다. "A little knowledge is a dangerous thing(조금 아는 것이 오히려 위험하다)." 등의 말이 똑같은 교훈을 전한다.

조금 아는 것의 위험성은 전문성이 필수적인 분야에서 더욱 두드러진다. 법률, 의료, 언론, 그리고 위기관리와 같은 영역에서는 그 결과가 더욱 심각할 수 있다. 마치 서툰 의술이 환자의 생명을 위협하듯, 평판위기 관리에서도 어설픈 전문성과 과신은 조직과 개인에게 큰 손실을 안길 수 있다.

로펌에서 일하다 보면 변호사라는 같은 직업군 안에서도 개인의 전문성과 경험 차이가 매우 크며, 이러한 차이가 실제 사건의 결과에 큰 영향을 미친다는 점을 실감하게 된다.

오랜 경력에서 우러난 풍부한 경험과 폭넓은 전문성을 가진 변호사가 있는가 하면, 아직 경력이 짧고 경험이 부족한 변호사도 있다. 게다가 이들은 담당하는 분야는 송무, 조세, 공정거래, 기업금융, 부동산, IT, 노동 등으로 세분화되어 있기 때문에, 숙련된 변호사라 해도 모든 분야에서 높은 전문성을 갖추기는 쉽지 않다.

하지만 많은 일반 외부인은 변호사는 '모든 법률 문제를 다루는 전문가'라고 여기는 경향이 있다. 변호사 자격만 있으면 모두 모든 법률 분야에서 전문가일 것이라고 오해하지만, 실제로는 그렇지 않다. 법률 문제의 난이도와 성격은 천차만별이다. 예를 들어, 단순한 계약 검토와 국제 분쟁 소송은 요구하는 지식과 경험에서 현격한 차이가 있다. 만약 기업이 복잡한 국제 조세 문제를 해결하려 하는데, 단순 계약서 검토 정도만 다뤄본 변호사에게 이를 맡긴다면 매우 심각한 결과가 초래될 수 있다.

평판위기 대응 역시 마찬가지다. 다면적이고 복잡한 상황 때로는 최악의 상황을 예측하고 그에 걸맞은 다양한 시나리오에 대비할 수 있는 전문성과 경험이 요구되는 영역이다. 물론 사소한 문제에 최고의 전문가를 동원할 필요는 없지만, 상대적으로 부족한 경험과 역량, 협소한 네트워크를 가진 사람에게 중요한 위기 대응을 맡기면 조직이나 개인에게 치명적인 결과로 이어질 수 있다.

문제는 제대로 된 전문가를 선별하고 그들과 효과적으로 협력하는 것이 결코 쉽지 않다는 데 있다. 자신을 과대평가하거나 단편적인 경험과 피상적 지식만으로 상황을 잘못 진단하는 전문가도 적지 않은 데다가, 위기에 처한 개인이나 조직도 전문가를 가릴 안목이 부족한 경우가 많기 때문에, 양쪽 모두의 판단 오류가 커질 수 있다.

특히 다른 분야에는 경험이 많은 인물도 막상 자신이 위기에 처하면 냉정한 판단과 합리적 결정을 하지 못하게 되는 현상이 흔해서, 더더욱 객관적이고 신뢰할 만한 전문가 조언이 필수적이다.

어설픈 전문가가 만든 재앙

평판위기 관리 분야에서 거액의 수임료로 화제를 모았던 사례가 있다. 그 주인공 A 씨는 특정 분야에서 일정한 경험을 쌓았지만, 평판위기 분야에서는 검증된 전문가는 아니었다. 하지만 과거 유사 분야의 문제를 처리한 경험이 있고, 위기관리 전문가를 몇 명 알았고, 평소 관심도 있었기 때문에 나름대로 자신감이 강했다.

어느 날, 지인 B 씨가 찾아와 자신이 재산 분쟁에 휘말려 대응 방안을 고민하고 있다며 조언을 구했다. A 씨는 자신이 도와주겠다고 나서서 프로젝트를 시작했다. 전체 그림과 분야별 전략을 짜는 한편 B 씨에게 유리한 여론을 조성하고 우군을 확보하기 위해 언론인 등 다양한 인맥을 동원하는 등 다각도로 활동을 펼쳤다.

하지만 몇 달 후, 결과는 기대에 크게 못 미쳤다. 상황은 오히려 더 악화했고, B 씨가 원하는 방향으로 문제 해결을 하지 못했다. 물론 A 씨가 진짜 숙달된 위기관리 전문가였다고 해도 성공을 보장할 수는 없었다. 그렇지만 핵심 원인은 A 씨가 해당 분야에 충분한 전문성이 없었음에도 불구하고 B 씨가 이를 인지하지 못한 채 믿고 맡긴 데 있었다.

결국 프로젝트는 실패로 끝났고, B 씨는 재산과 명예에 큰 타격을 입었다. 이 사례는 비전문가에게 복잡한 문제를 맡기는 것의 위험이 얼마나 큰지 잘 보여준다.

또 다른 사례를 보자. 중견기업 C사는 자사 제품의 폭발 사고로 심각한 위기에 직면했다. 이 사고로 인명 피해까지 발생하자 언론은 연일 C사를 집중적으로 비판했고, 고객이 계약 취소 움직임을 보이는 등 시장의 불안이 극도로 확산됐다.

사태를 수습하기 위해 C사는 급히 전문가를 찾았다. 처음 투입된 인사는 오너와 친분이 있던 홍보 전문가 B 씨였다. 그는 중소기업에서 홍보 업무 경험은 있었으나, 대기업 수준의 복합적 위기 대응 경험은 미흡했다. 내부에서도 전문성에 대한 우려가 제기됐지만, 긴박한 위기 국면과 오너의 추천으로 선택의 폭이 좁았다.

B 씨는 자신 있게 "신속한 언론 대응이 관건"이라고 강조했고, 그의 조언에 따라 C사는 준비가 충분하지 않은 상태에서 기자회견을 열었다. 그러나 결과적으로 이 기자회견은 오히려 여론의 비판 여론을 증폭시키며 상황을 더욱 악화시켰다.

사태가 악화되자 C사는 이번에는 법률 전문가 D 씨를 투입했다. D 씨는 법적 책임 회피 전략을 최우선에 두고, 소비자의 입장보다는 C사의 법적 책임이 없음을 강조하는 데 치중했다. 그러나 이는 오히려 소비자와 대중의 분노를 증폭시키는 결과를 낳았고, 결국 C사는 '비도덕적 기업'이라는 부정적 낙인을 피할 수 없었다.

마침내 C사는 수소문 끝에 평판위기와 법률적 대응을 모두 아우를 수 있는 전문가 E 씨를 찾았다. E 씨는 곧바로 언론, 소비자, 내부 직원, 당국 등 여러 이해관계자별 특성을 고려한 맞춤형 전략을 수립했다. 소비자들에게는 진정성 있는 사과와 신속한 피해 보상 대책을, 언론에는 투명하고 준비된 정보 공개와 적극적인 인터뷰를 제공하여 신뢰 회복에 집중했다.

이 과정에서 법률 자문 그룹과도 협업해 종합적이고 일관성 있는 위기 대응 체계를 마련했다. 내부적으로는 직원 소통을 강화하고 사기를 진작시키며, 체계적인 위기 대응 매뉴얼을 새롭게 정비하였다. 이 같은 전략을 바탕으로 C사는 사법·행정 당국의 조사에도 일관되게 대응하여 최악의 위기를 간신히 넘길 수 있었다.

지나친 자신감을 경계하라: 더닝 크루거 효과

심리학에서 '더닝 크루거 효과Dunning-Kruger effect'라는 개념이 있다. 이는 특정 분야에 대한 지식이나 능력이 부족한 사람이 자신의 능력을 과대평가하는 인지적 편향을 의미한다. 코넬대학교의 데이비드 더닝과 저스틴 크루거는 1999년에 이 이론의 핵심 내용을 다음과 같이 요약했다.

"능력이 부족한 사람은 자신의 부족과 무능함을 인식하지 못할 뿐만 아니라, 오히려 자신의 능력을 과신하며 우월하게 평가하는 경향이 있다. 또 타인의 진짜 실력을 알아보지 못하고, 자신의 부족함이 얼마나 심각한지를 깨닫지 못한다."

현대 사회에서는 인터넷과 소셜 미디어를 통해 온갖 정보가 쏟아지면서 정보의 접근성이 크게 향상되었다. 유튜브와 같은 플랫폼에는 지나치다고 할 정도로 엄청난 양의 정보와 전문가 강의가 쏟아진다. 그러나 이러한 정보 환경은 단편적이거나 때로는 왜곡된 정보만을 습득하고도 자신을 전문가라고 착각하며 사람들을 오도하는 사람을 양산하는 부작용을 초래하기도 한다. 갈수록 누가 전문가인지 판단하기도 어려운 상황이 되고 있다.

What to do

☑ **전문가의 신뢰성을 철저히 검증하라. 특히 교차 검증은 필수다.**

전문가를 선택할 때는 명성이나 화려한 언변과 같은 겉모습에 현혹되지 말고, 여러 요소를 꼼꼼히 검증해야 한다. 무엇보다도 해당 전문가가 관련 분야에서 단순한 이론적 지식을 넘어 실제 이슈를 성공적으로 관리하고 해결한 경험이 있는지 반드시 확인해야 한다.

특히 그가 어떤 조직이나 기업에 속했었는가보다 그가 어떤 프로젝트를 직접 주도했으며, 그 안에서 실제 어떤 역할을 했는지 구체적으로 따져 보아야 한다. 팀 프로젝트의 경우 실질적 기여 없이 이름만 올리고 자신의 실적인 양 과장하는 사례도 적지 않다.

또한, 해당 전문가가 이번 프로젝트에 얼마나 시간과 관심을 투자할 수 있는지도 반드시 챙겨봐야 한다. 유명 전문가일수록 다른 일정이 많고 바빠서 상대적으로 '작은' 일에는 소홀해질 수 있음을 유념해야 한다.

업계 내외 평판, 특히 동료 전문가와 업계 내부의 신뢰도 역시 중요한 지표다. 한국에서는 평가가 상대적으로 후한 편이기 때문에, 여러 소스를 통한 교차 확인cross check이 필수적이다.

☑ **가능하면 팀플레이를 하라.**

복잡한 위기 상황에서는 단일 전문가의 조언만으로는 효과적으로 대응하기 어렵다. 물론 작은 위기에 많은 전문가를 동원할 필요는 없지만, 어느 정도 규모가 되는 위기라면 여러 분야 전문가로 구성된 팀을 조직해서 대응하는 것이 합리적이다.

그 친구 옛날에는 안 그랬는데…

모든 것은 변하고, 아무것도 멈춰 있지 않는다.
- 헤라클레이토스(그리스 철학자)

과거의 기억이 관계를 망칠 때

"그 친구 옛날에는 안 그랬는데…." 주변에서 흔히 들을 수 있는 말이다. 독자 여러분도 아마 이런 말을 한 적이 있을 것이다. 오랫동안 알고 지낸 사람이나 친밀했던 상대가 어느 순간 예전과는 완전히 다른 모습이나 태도를 보일 때, 우리는 당혹감을 느낀다. 그리고 종종 과거 기억에 의존해 '사람이 변했네'라며 실망하거나 서운해하기도 한다. 심지어 "많이 컸네"라는 비아냥을 덧붙이기도 한다. 이러한 말 속에는 때로 상대방의 변화를 있는 그대로 받아들이지 못하는 아쉬움과 서운함이 짙게 묻어 있다.

이런 태도는 어쩌면 우리가 상대방의 변화를 인정하지 못한 채 과거의 시간에 멈춰 서 있다는 증거일 수 있다. 시간이 흐르면 누구든 성장하고, 주변 환경에 따라 생각하는 방식이나 중요하게 여기는 것에 대한 가치관이, 심지어 대인관계에서 사람을 대하는 태도가 바뀌는 것은 당연한 일이다. 하지만 우리는 무의식적으로 상대방의 과거 모습을 기대하면서, 그 기대와 현실 사이의 간극을 인정하지 못하고 갈등을 만들어내곤 한다.

특히 위계적 조직 문화가 강한 한국 사회, 그중에서도 상하관계가 분명한 조직에서는 이런 '과거 관계 고착화' 현상이 더욱 두드러지게 나타난다. 이런 현상은 개인적인 관계는 물론, 조직의 효율성이나 혁신적인 분위기를 저해하고 더 나아가서는 개인이나 조직의 평판에 치명적인 손상을 입힐 수 있다.

전직 금융계 고위 인사 A 씨는 어느 날 후배 B 씨에 관한 이야기를 하면서 몹시 언짢아했다. "내가 그렇게 조언을 해줬는데 내 말을 안 듣더라"는 것이었다. 최근 중요한 결정을 내려야 했던 B 씨에게 선배로서 진심으로 조언을 해줬고, B 씨는 감사의 인사까지 전하고 갔다고 한다. 그런데 나중에 보니 B 씨는 A 씨의 충고와는 전혀 다른 결정을 내린 것이었다. A 씨는 "그 친구가 그럴 줄은 정말 몰랐다"라며 B 씨에게 깊은 배신감을 느꼈다고 서운해했다. 반면에 B 씨의 입장은 달랐다. "조언은 고맙지만, 선배라고 해서 이렇게까지 간여하는 건 아니지 않느냐"며 불만을 표현했다. 그 일 이후로 두 사람은 사이가 멀어졌다.

두 사람은 오랫동안 한 직장에서 일했다. 예전에는 A 씨가 선배이자 상사로서 B 씨에게 많은 도움을 줬고, B 씨는 그런 선배를 잘 따르는 후배였다. A 씨가 퇴임한 후에도 두 사람은 가끔 만나는 사이였고, B 씨는 늘 선배를 깍듯이 대했다. 세월이 흘러 B 씨는 이사, 대표이사 반열에 오르면서 이제는 독립적인 위치에서 중요한 의사결정을 책임지는 사람이 됐다. 하지만 A 씨의 기억 속에서 B 씨는 여전히 '내가 데리고 있던 사람', '내 말 잘 따르던 후배'로 남아 있었다. 이 기억이 갈등을 불러온 것이다.

과거의 인연이 현실이 될 수는 없다

이러한 '과거의 관계에 대한 착각'은 개인적인 관계뿐만 아니라 기업, 정치, 조직 등 다양한 분야에서 빈번하게 발생한다. 이런 관계가 긍정적으로 작용하면 협력과 효율성을 높이는 효과를 내지만 반대로 많은 경우 '관계 인식 불일치'로 인해 업무 효율성을 저하시키고 중요한 일을 망치는 결과를 초래하기도 한다.

오랫동안 학계에서 몸담았다가 뒤늦게 사업체를 세운 C 씨는 회사의 존폐가 걸리다시피 한 주요 프로젝트를 추진하게 되었다. 첫 번째 관문은 관계 당국의 허가와 금융기관의 대출을 받는 일이었다.

C 씨는 자신만만했다. 허가 당국의 책임자는 자신이 '아꼈던' 제자였고, 주요 금융기관에도 자기 제자들이 높은 자리에 많이 있으니 일이 어렵지 않게 풀릴 것으로 생각했다. 회사 사람들에게는 걱정하지 말라고 큰소리쳤고, 실제 자신도 일이 순조로울 것으로 굳게 믿었다. 그러나 현실은 달랐다. 결과는 C 씨의 기대와는 완전히 딴판이었다.

직접 찾아가서 부탁도 하고, 여러 가지 방법을 동원했지만, 그의 기대와는 달리 프로젝트는 결국 성사되지 못했다. C 씨는 가슴 속에 깊은 원망만 남긴 채 그 프로젝트를 접어야 했다. 그의 착각은 너무나 명확했다. 이미 시간이 많이 흘렀다. 그의 제자들은 이제 더 이상 어리고 말 잘 듣는 학생들이 아니었다. 각 분야에서 독립적인 전문가로 성장했고, 자신의 위치에서 공정하고 객관적인 판단을 내려야 하는 중요한 공적 책임을 지고 있었다. 더구나 이 일은 사적인 일이 아니라 공적인 업무라 친소 관계가 작용하기 어려운 상황이었다.

C 씨는 속으로 '내가 아끼며 키운 제자들이 어떻게 나를 이렇게 매몰차게 대할 수 있나'라고 생각하며 배신감을 느꼈지만, 사실은 그가 현실을 직시하지 못한 것이었다.

갑의 착각과 배신 프레임

오랜 기간 조직 내 힘의 정점 혹은 높은 직위에 있었던 사람일수록 이러한 인식의 오류에 더 쉽게 빠질 수 있다. 학교의 스승과 제자, 직장의 상사와 부하, 정치권의 지도자와 추종자, 공직이나 다른 조직에서의 갑과 을 관계 등에서 이런 현상은 흔히 관찰된다. 주변의 끊임없는 충성 표현이나 아첨에 노출될수록, 자신의 위치와 관계, 판단에 대한 맹목적인 확신이 점점 강해지는 심리적 함정에 빠지기 쉽다.

정치권에서는 특히 이런 현상이 더욱 자주 드러난다. 대표적 사례가 '변절자' 프레임이다. 가까웠던 동료나 부하가 자신의 기대와 다른 독보적 행보를 보이거나 반대 의견을 내면, 이러한 차이를 '배신'으로 규정하고 감정적으로 대응하는 일이 많다. 특히 힘 있는 보스와 추종자 사이에서 유사한 일이 빈번하게 반복된다. 한때 '형제'처럼 가깝던 관계가 하루아침에 '원수'가 되는 일은 국내외를 막론하고 정치권에서 흔히 볼 수 있다.

기업 현장에서도 크게 다르지 않다. 조직의 핵심 자리에 오른 사람조차도 그의 과거 상사로부터는 '함께 일하며 지도하며 내가 키운 사람'이라는 취급을 받곤 한다.

공직 사회 역시 상하 위계 의식과 그로 인한 인식 착오가 뿌리 깊다. '한 번 장관은 영원한 장관'이라는 말처럼, 과거 직책이나 인맥을 바탕으로 은퇴 뒤에도 시속적으로 교류하며 서로 혜택과 영향력을 유지하려는 관행이 흔하게 이어진다. 가끔 이해관계가 충돌하거나 상황이 변하면, 이러한 관계도 쉽게 갈등으로 변하지만 말이다.

이런 착각과 서운함, 갈등은 다양한 분야에서 여러 형태로 드러난다. 한 예로, 학계 전문가 A 씨는 정권 창출에 기여한 공로로 정부 고위직에 임명되어 약 1년간 '어공(일시적 공무원)' 생활을 했다가 퇴직 후 본업으로 돌아갔다. 그러나 퇴직 이후에도 그는 한때 자신의 하급자였던 관료 B 씨를 '부하 직원'으로 생각하며 잦은 연락과 민원성 부탁을 이어갔다. 지인들 앞에서도 B 씨를 '내가 데리고 있던 사람'이라고 종종 말하곤 했다.

반면 '늘공(직업공무원)'인 B 씨 입장에서 A 씨는 계약 관계로 잠시 함께 일했을 뿐, 엄연히 역할이 달랐으므로 A 씨의 이런 행보에 마음이 편치 않았다. 이런 일이 반복되면서 결국 둘의 관계는 갈등과 상호 비판으로 돌아섰다.

이런 관계 착각은 과거의 역할이나 권한을 현재까지 확장해 해석하는 데서 비롯된다. 과거 직책이나 결정이 업무에 영향을 미쳤더라도, 그 영향력은 어디까지나 한시적 프로젝트나 공식 업무에 국한된 것이었다.

그런데도 권위에 익숙한 이들은 과거의 위상과 관행을 현실에 무비판적으로 적용하며, 점차 시대 변화에 뒤처진 판단을 내리게 된다. 심할 경우 일을 망치고 조직 전체의 위기를 불러올 수도 있다.

What to do

☑ **과거는 잊고 상대의 변화를 받아들여라.**

과거의 기억에서 벗어나도록 노력하라. 상대방의 현재 위치와 성장을 인정하고, 그에 맞는 관계를 새롭게 형성해야 한다. 과거의 기억에 매달릴수록 본인만 힘들어지고, 중요한 일을 그르치는 원인이 될 수 있다.

☑ **감정보다는 가치와 원칙에 집중하라.**

공적인 관계에서는 감정적으로 반응하기보다, 가치와 원칙, 규범에 중심을 두어야 한다. 공(公)은 공이고, 사(私)는 사라는 구분을 분명히 해야 한다.

☑ **사람 보는 안목을 키워라.**

겉으로 보이는 게 전부는 아니다. 갑의 위치에서 을에게 받은 호의나 친절을 그 사람의 본성으로 판단하거나 영원히 지속될 관계로 단정하지 말라. 어려운 이해관계가 얽힌 상황을 함께 겪어보지 않고는 상대를 섣불리 평가하지 않는 게 바람직하다.

통상적으로는 갑의 위치에 있었던 사람이 '을'을 '괜찮은 사람'이라고 쉽게 평가하고, 이런 인식을 다른 사람에게도 전하는 경우가 많다. 그러나 막상 갑과 을의 관계가 해소되거나, 이해관계가 첨예하게 대립하는 일이 생길 때 '과거의 인식'에만 의존하면 크게 실망하거나 일을 그르치는 결과를 초래할 수 있다.

물론 반대의 경우도 드물지 않다. 선배가 권력을 가졌을 때는 비위를 맞추던 이가, '힘이 빠진' 뒤에는 곧바로 등을 돌리고 외면하는 사례가 그런 경우다.

2장

어제의 관행이 오늘은 위기가 된다

위기의 기준이 달라졌다

외부 환경의 변화 속도가 내부보다 빠르면,
조직의 존속은 위태로워진다.
– 잭 웰치, 《위대한 승리》

'침묵과 덮음'이 미덕이던 시대는 끝났다

세상이 빠르게 변하고 있다. 사회가 바뀌었고 사람들의 인식이 달라졌으며, 법과 제도는 이러한 변화를 따라 개인과 조직에 엄격하게 책임을 묻고 있다. 과거에는 관행으로 묵인되던 말과 행동이 이제는 치명적인 평판위기로 이어진다.

미투 운동, 직장 내 괴롭힘 금지법, 중대 재해 처벌법, 주 52시간제, 디지털 성범죄 처벌법, 공익 신고자 보호법 등 수많은 사회적 변화가 최근 이루어졌다. 이런 변화의 결과 한때는 도덕의 문제로 여겨졌던 일들이 이제는 법과 제도, 사회적 압력, 조직 평판, 시장 신뢰의 문제로 전환되었다. 한 사람의 말실수가 본인은 물론 자신이 속한 조직과 브랜드의 위기로 번지고, 한 번의 부주의한 행동이 조직 전체를 흔드는 시대가 됐다.

과거에는 소위 '힘 있고 돈 있는' 사람이나 조직, 예컨대 정치권이나 정부, 공공기관이나 대기업 등에서 문제가 생기면, 내부적으로 조용히 해결되는 경우가 많았다. 하지만 이제는 상황이 완전히 달라졌다. 지금은 알면서도 방치한 행위 자체가 위기의 원인이 된다.

법과 규정이 엄격해졌고, SNS와 실시간 미디어는 모든 조직과 개인의 일거수일투족을 기록하고 빛의 속도로 빠르게 확산시킨다. 정보의 확산 속도와 파급력은 과거와 비교할 수 없을 정도로 커졌다. 내부 커뮤니티의 폭로, 언론 보도, 실시간 검색어 장악, 그리고 2차·3차의 정보 재생산은 순식간에 문제를 걷잡을 수 없는 상황으로 몰아간다.

디지털 시대의 정보는 진실이든 허위든 별 차이가 없이 빠르게 확산된다. 아니 허위 정보가 더 빨리 퍼진다. 미국 MIT 슬론경영대학원과 미디어랩의 2018년 연구에 따르면, 소셜 미디어에서 허위 정보는 진실보다 훨씬 빠르게 확산되며, 허위 정보가 진실보다 더 새로운 내용으로 인식된다고 한다.

과거에는 언론과 여론을 '관리'하고, 형식적인 사과문 한두 장으로 위기를 봉합하는 것이 가능했을지 모르지만, 이제 그러한 안일한 대처는 오히려 거센 역풍을 불러온다. '쉬쉬하고 넘어가는' 접근 방식은 진정성 없는 은폐 시도로 간주되어 사태를 더욱 악화시키고, 위기의 범위는 개인을 넘어 조직 전체를 위협한다. 때로는 국가 이미지를 손상하는 결과까지 초래할 수 있다.

조직 구성원들의 인식 또한 과거와는 확연히 달라졌다. 조직이나 오너에 대한 충성심이나 인내를 발휘하는 대신 자신의 권리를 적극적으로 주장하는 세대가 등장했고 그 비중과 목소리가 빠르게 커지고 있다.

미투 운동의 시작

2017년, 미국 할리우드의 거물 영화 제작자 하비 와인스틴의 성범죄가 〈뉴욕타임스〉와 〈뉴요커〉의 보도로 세상에 알려지는 것을 계기로 전 세계는 성희롱·성폭력에 대한 인식을 새롭게 하기 시작했다. 그가 수십 년에 걸쳐 배우들을 성추행 또는 성폭행했다는 폭로가 잇따랐고 결국 그는 성범죄 혐의로 유죄판결을 받아 수감되었다. 또한, 그가 이끌던 와인스틴 컴퍼니는 파산에 이르렀다. 그의 몰락은 단순한 개인의 문제가 아니라, 권력형 성범죄에 내힌 국제적인 경각심을 일깨우는 중요한 계기가 되었다.

2018년 1월, 창원지방검찰청 산하지청에 근무하던 S 검사가 검찰 내부 통신망에 과거 자신이 겪은 성추행 피해 사실을 폭로하고, 방송에 출연해 내용을 공개하면서 한국 사회에서도 본격적인 미투 운동이 시작되었다. 이후 정치권, 재계, 문화예술계를 포함한 사회 전반에서 유사한 폭로가 잇따랐고, 일부 인사들은 형사처벌이나 사회적 비판 등 각기 다른 수준의 법적·사회적 책임을 지게 되었다.

대표적으로 같은 해 법원은 A 전 지사에게 업무상 위력에 의한 간음 혐의로 징역형을 확정했고, 연극 연출가 L 씨에게도 성폭력 혐의로 실형을 선고했다.

이처럼 미투 운동은 단순히 개인의 일탈을 지적하는 데서 나아가, 성희롱 및 성폭력 문제를 조직 차원의 책임과 문화로 바라보는 인식을 확산시켰다. 그 결과 기업과 기관에서는 성희롱 예방 교육 예산이 증가하고, 성인지 감수성 교육이 필수 과정으로 자리 잡는 등 대응 방식이 법적 조치에 그치지 않고 조직 문화 전반의 구조적 개선으로 이어지고 있다. 이는 성과 중심, 위계 중심으로 짜인 기존 조직 문화에 대한 근본적인 변화 요구이자, 시대가 조직에 부과하는 새로운 윤리적 기준이라고 할 수 있다.

과거에는 "술자리에서 그 정도 농담은 괜찮아", "골프장에서 그 정도의 행동은 문제없어"라며 가볍게 넘겼던 말 한마디 행동 하나가, 이제는 법정에서 심각한 다툼의 대상이 된다. 기업의 인사 평가, 조직 문화, 심지어 사내 회식 문화까지 새로운 기준에 맞게 재설계하지 않으면 언제든 예상치 못한 위기를 맞을 수 있다.

과거에는 힘 있는 가해자들이 성폭력 사실을 부인하거나 돈과 권력을 이용해 사건을 적당히 은폐하거나 피해자에게 침묵을 강요하는 불합리한 일들이 많았다. 그러나 미투 운동을 통해 전 세계적으로 성희롱과 성폭력 문제에 대한 사회적 경각심이 높아졌으며, 이러한 행위를 더 이상 용납할 수 없다는 공감대가 형성되었다.

더 이상 부당함에 침묵하지 않는 사람들

"그냥 참고 지나가면 돼." "저 사람은 원래 저래."
과거에는 상사의 권력 남용과 부당한 대우가 당연시되거나 묵인되는 경우가 많았다. 하지만 이제는 이러한 행위가 개인뿐 아니라 조직 차원에서도 괴롭힘을 방조하거나 조장한 증거로 활용될 수 있다.

2019년 직장 내 괴롭힘 금지법이 시행되면서 상사의 폭언, 모욕, 부당한 업무 지시 등이 법적 제재 또는 시정 조치 대상이 되었다. 이제 회사 내 부당한 처사는 더 이상 '조직 내부의 문제'로 치부될 수 없으며, 심각한 사회적 문제로 인식된다. 실제로 고용노동부에 따르면, 직장 내 괴롭힘 신고 건수는 법 시행 이후 매년 급증하여 2019년 2,130건에서 2024년에는 1만 2,253건으로 5년 만에 약 5.7배 증가했다. 이는 과거에 묵인되던 행위들이 이제는 적극적으로 문제 제기되고 있음을 명확히 보여준다.

직장 내 괴롭힘의 유형 또한 과거와는 달라지고 있다. 과거에는 문제 삼지 않았던 선의의 중재 시도조차 예기치 않은 문제를 야기할 수 있으므로 각별한 주의가 필요하다.

실제 사례를 통해 살펴보자(율촌 조상욱 변호사). 중견기업 G사에서 직원 간 갈등이 생겼다. 그러자 이 두 사람의 상사가 둘을 중재하기 위해 회식 자리를 마련했다. 그리고 두 여성 직원에게 '화해의 포옹'을 권유했는데, 그중 한 직원이 마지못해 응하긴 했지만 모멸감을 느꼈다고 한다. 이후 이 직원은 상사가 상대 직원 편을 든다고 생각하면서 갈등은 더욱 깊어졌다. 결국 해당 직원은 극단적인 선택을 하고 유서를 남겼다. '좋은 의도'였다는 상사의 항변은 아무런 소용이 없었고 G사는 법적 조사와 외부 감사를 피할 수 없었다. 이것은 '조직 문화'라는 이름으로 포장된 과거 관행이 심각한 법적 문제로 이어질 수 있음을 여실히 보여주는 사례다.

직장 내 괴롭힘에 대한 처벌이 강한 선진국의 사회경제적 비용은 엄청나다. 영국의 경우 직장에서의 갈등으로 인한 퇴사·병가, 조정·고충 처리, 행정 조치 등 직장 내 갈등으로 인한 사회경제적 비용이 약 285억 파운드(약 50조 8,000억 원)에 이르는 것으로 산출됐다(ACAS[영국 조정·중재 서비스] & 셰필드대학 공동 보고서, Estimating the Costs of Workplace Conflict, 2021년 5월).

미국의 경우 괴롭힘 또는 다른 학대적 행위로 인한 생산성 하락과 결근·이직·의료비 증가를 포함한 직무 스트레스 전반에 걸친 미해결 갈등으로 인한 손실이 연간 약 3,500억 달러(약 414조 1,500억 원)에 이른다는 추정도 있다(매일노동뉴스, 2024). 한국에서도 최근 직장 내 괴롭힘으로 인한 손해배상 판결 금액이 점차 증가하는 추세이며, 기업의 관리 책임에 대한 법원의 판단 또한 엄격해지고 있다.

기업 내부의 변화도 뚜렷하다. 직원들은 더 이상 부당하다고 '생각되는' 상황에 침묵하지 않는다. 〈블라인드〉와 같은 익명 커뮤니티를 통해 부당한 사례들이 쉽게 폭로 또는 공유되고, 언론이 이를 보도하면서 순식간에 사회적 이슈로 확산된다. 당사자는 물론 이해관계자, 소비자 때로는 당국까지 나서면서 해당 기업, 조직에 대한 비판이 시작된다. 불매운동이 벌어지고, 주가는 출렁이며, 때로는 최고경영진이 직접 나서거나 책임을 져야 할 심각한 사안으로 번지기도 한다.

내부 고발은 더 이상 드문 일이 아니며 〈블라인드〉, 국민청원, 유튜브 고발 콘텐츠 등 내부자의 목소리를 전달할 수 있는 다양한 플랫폼이 존재한다. 이제는 '내부 문제가 외부로 확산되지 않도록' 대응하는 소극적인 자세로는 부족하다. 아예 문제가 될 만한 일을 만들지 않거나, 설사 일이 터졌다 해도 부작용이 최소화되도록 부명하고 공정한 방식으로 조직을 운영해야 한다.

2022년 시행된 중대 재해 처벌법은 기업에게 명확한 메시지를 던진다. "사고가 일어나면, 그 책임은 최고경영진에 있다." 과거에는 산업재해가 발생하더라도 주로 현장 관리자나 하급 책임자가 처벌을 받는 경우가 많았다. 하지만 이제는 대표이사, 경영 책임자 등 최고위층이 형사처벌의 직접적인 대상이 된다.

법 시행 이후 2024년 말까지 발생한 중대 재해 사고 중 법원에서 진행된 중대 재해 1심 판결은 31건인데, 이 중 29건에서 유죄 판결이 나왔다. 일부 사건에서는 실형을 선고되기도 했다. 이제는 그 어떤 CEO도 안전 문제를 '남의 일'로 치부할 수 없게 된 것이다.

이제 기업은 형식적인 안전 교육이나 매뉴얼만으로는 법의 칼날을 피할 수 없다. 안전에 대한 책임은 최고경영진에서부터 시작되며, 안전 확보는 단순한 규정 준수를 넘어 기업의 존립을 좌우하는 핵심 가치 중 하나로 자리매김하고 있다. 문화적 인식 전환과 실질적인 안전 관리 시스템 구축 없이는 기업의 지속 가능한 성장이 불가능하다.

이 밖에도 디지털 성범죄 처벌법(N번방 방지법), 공익 신고자 보호법, 남녀 고용 평등법 등 관련 법안들이 지속적으로 강화되면서 조직과 기업의 책임이 더욱 무거워지고 있다.

2020년 시행된 디지털 성범죄 처벌법은 불법 촬영물 소지·구입·저장뿐만 아니라 시청 행위 자체를 처벌 대상으로 명확히 규정했다. 실제로 한 대기업 간부는 회사 휴대폰에 불법 촬영물을 저장했다가 적발되어 해고되었고, 해당 기업은 관리 책임 소홀에 대한 비판을 피할 수 없었다. 또한, 공익 신고자 보호법 개정으로 내부 고발자에 대한 보호가 강화되었으며, 기업의 보복 행위에 대한 처벌 또한 더욱 엄격해졌다.

최근의 상법 개정은 기업, 대주주, 이사 모두에게 위기관리 시스템의 선진화와 책임성의 강화를 요구하고 있다. 모든 주주를 아우르는 공정한 이익 보호, 투명한 의사결정, 내부 통제 강화 등에 적극적으로 대응해야 변화된 경영 환경에서 리스크를 최소화할 수 있다.

정부와 사법 당국의 대응 역시 강화되는 추세다. 고용노동부는 직장 내 성희롱과 괴롭힘에 대해 최대 1,000만 원 이하의 과태료를 부과하며, 피해자나 직장 내 괴롭힘을 신고한 사람에게 불이익을 주는 경우 처벌이 더욱 엄격해진다. 실제로 고용노동부에 따르면 2023년 한 해 동안 직장 내 성희롱 관련 진정·고소 건수는 무려 1,114건으로 전년에 비해 1.5% 증가하며 최근 5년간 가장 높은 수준을 기록했다. 2024년 1~8월 사이도 신고 접수 건수가 1,142건에 달했다.

고객의 폭언에 시달리던 콜센터 상담사에게 지속적으로 심한 욕설을 퍼부은 민원인은 징역 8개월의 실형을 선고받기도 했다(서울중앙지법, 2023). 이제 "업무 스트레스 때문에…", "그럴 의도가 아니었다." 등의 변명은 더 이상 통하지 않는다. 위기의 기준이 '가해자의 의도'가 아니라 피해자의 관점에서 판단되기 때문이다.

이러한 사회적·법적 기준의 급격한 변화에도 불구하고, 일부 조직과 개인들은 변화의 속도를 따라가지 못하고 있다. 변화의 필요성은 인식하면서도 '설마 나에게 이런 일이 발생할까?' 하는 안일한 인식과 대처로 인해, 평판위기 상황이 예상치 못하게 확대되는 사례가 종종 발생한다.

가수 K 씨 사건은 '음주운전 및 사고 후 현장 이탈', '허위 자수 및 증거 인멸 시도' 등이 판결과 언론을 통해 드러났는데, 변화한 사회 및 법적 기준을 간과한 결과 평판위기가 증폭된 사례로 볼 수 있다.

2024년 5월 9일 밤, 서울 강남구에서 발생한 해당 사건은 K씨가 운전한 차량이 택시와 충돌한 뒤 그가 현장을 떠났으며, 이후 매니저가 자신이 운전했다고 자수하면서 조직적인 은폐 의혹까지 불거졌다. 법원은 '특정범죄가중처벌법상 위험운전 치상·도주치상' 등 혐의로 징역 2년 6개월을 선고했고, 2025년 5월 상고 포기에 따라 형이 확정되었다.

전문가들은 만약 사건 초기 신속하고 성실한 대응이 이루어졌다면, 사회적 파장을 조금이라도 줄일 수 있었을 것이라는 견해를 밝히고 있다. 이 사건은 위기 상황에서의 '초기 대응'의 중요성을 환기시키는 실례로 자주 인용되고 있다.

What to do

☑ **세상이 달라졌다. 생각을 바꿔라.**

이제는 그 누구도 달라진 평판위기 상황에서 예외일 수 없다. 모든 조직과 개인이 이런 현실을 겸허하게 받아들여야 한다.

☑ **전문가의 도움을 받아라.**

사회의 법 제도는 빠르게 변화하고 있다. 노동청, 경찰, 검찰 등의 사법집행 기관의 조사와 처벌도 훨씬 엄격해졌다. 단순한 상식으로 대응할 수 있는 수준을 이미 넘어섰다. 필요한 준비와 조치들에 대해서는 사전에 법률, 평판관리 등 해당 분야 전문가의 조언을 구하는 것이 현실적이다. 컨설팅 회사, 로펌 등 전문 기관 중에는 다양한 정보를 부담 없는 비용으로 제공하는 경우도 많으므로 미리 찾아보고 대비할 수 있다.

이런 준비는 조직의 리더, 즉 CEO나 기관장의 인식에서 시작된다. 조직 문화 전문가 에드거 샤인은 "리더가 일상적으로 무엇에 관심을 두고, 측정하고, 통제하는가는 곧 조직 문화의 방향을 결정한다"라고 강조했다. 평판위기 예방 역시 최고경영자로부터 출발하며, 전 구성원이 공유하는 가치와 행동 원칙으로 정착되어야 한다.

"내가 뭘 잘못했다고…",
치명적인 실수는 자기 잘못을 모르는 것

실수보다 무서운 것은 잘못을 고치지 않는 태도이며, 그것이 진정한 과오다.
-《논어》〈위령공〉편

권력 패러독스:
자기중심적으로 되면서 공감 능력이 떨어지는 현상

위기 상황에서 억울함을 호소하는 사람들을 만나보면 비슷한 공통점이 있다. 처음에는 자기 잘못이나 실수를 절대 인정하지 않는다는 것이다. 자신이 왜 비난받는지조차 이해하지 못하는 경우가 많다. "내가 일부러 그런 것도 아니고, 대체 뭐가 문제냐"는 반응이다. 더 놀라운 건, 그들 대부분 가식이 아니라 진심으로 자신은 잘못이 없다고 믿고 있는 경우가 많다는 점이다.

미국의 심리학자 대처 켈트너가 〈하버드 비즈니스 리뷰〉에 발표한 연구 결과에 따르면, 권력을 가진 사람들은 타인의 감정이나 관점을 이해하는 능력이 실제로 감소하는 경향이 있다. 이른바 '권력 패러독스Power Paradox'라고 불리는 현상이다. 그 전에는 그렇지 않다가 높은 자리에 올라가서 힘을 갖게 되면 남을 배려하거나 이해하는 품성을 잃고 자기중심적으로 되면서 공감 능력이 떨어진다. 그리고 그런 기간이 길어지면서 종국에는 타인의 신뢰를 상실한다고 한다.

국내 유수의 A그룹은, 오너인 B 회장이 회삿돈을 유용하고 갑질을 했다는 내용의 언론 보도가 내부 제보로 인해 터지면서 비상이 걸렸다. 1보가 나오자 다른 매체들이 가세하면서 후속 보도가 이어졌고, 경찰 등 관계 당국도 관심을 보이기 시작했다. 상황이 걷잡을 수 없이 확산 조짐을 보이자, 내부 힘만으로는 대응에 한계가 있다고 생각한 B 회장은 전문가를 찾았다.

전문가를 만난 B 회장은 한동안 자신이 힘들었던 점을 하소연하더니, 금세 목소리를 높이며 분통을 터뜨렸다. "요즘 언론이 너무 하네요." "도대체 내가 뭘 그렇게 잘못했기에 이 난리인지 모르겠어요. 이건 업계 관행이에요. 다들 이렇게 합니다. 왜 나만 가지고 그래요?" 심지어는 "기자회견 열어서 내부 제보한 사람과 다른 사람의 행태를 다 까발려버릴까?"라며 역정을 내기도 했다. 이런 상황에서는 전문가의 정상적인 대응이 어려웠다. 어느 정도 흥분이 가라앉은 후 전문가는 차분하게 설명했다. "회장님께서 말씀하신 것들 대부분은 외부 시각에서 보면 오히려 부정적인 메시지로 해석될 수 있습니다. 그런 논리는 일반 대중에게 통하지 않습니다." 몇 차례 대화가 오간 후 B 회장은 비로소 상황을 인식하고 사태의 심각성을 깨달았다. "아, 그런 게 문제가 될 수 있군요."

그 뒤로 그는 대응 방식을 바꾸고, 진정성 있는 사과와 실질적인 개선책을 내놓음으로써 위기를 넘길 수 있었다. 그리고 실세 상황이 진전되면서 그동안 나왔던 폭로와 보도가 대부분 사실로 드러났다.

사람은 본능적으로 자신의 잘못을 인정하려 하지 않고, 더더욱 판단과 행동을 바꾸기를 싫어한다. 미국의 심리학자 로버트 치알디니는 그의 저서 《설득의 심리학》에서 사람들이 자기 행동을 정당화하기 위해 사용하는 여러 가지 심리적 메커니즘을 설명한다. 그가 제시한 6가지 설득의 원칙 가운데 '일관성의 원칙'에 따르면, 사람들은 과거의 행동이나 신념이 잘못되었거나 부정적인 결과를 초래했을 때조차도 자신의 행동이나 신념을 바꾸려 하지 않고, 일관성을 유지하기 위해 자신의 입장을 합리화하거나 정당화하거나, 심지어는 더욱 강화하여 잘못을 인정하기 어렵게 만든다.

'인지 부조화 이론A Theory of Cognitive Dissonance'과 자기합리화Self-justification 이론도 맥을 같이한다. 미국의 사회심리학자 레온 페스팅거는 "사람들은 자신에게 불리한 일이 생기면 처음에는 거짓말이나 변명을 하면서 이를 의식적으로 합리화하다가 시간이 지나면서 그 거짓말을 진실로 믿게 되는 경향이 있다"는 연구 결과를 발표했다.

뒤늦게 깨달은 실수, 그래도 늦지 않았다

잘나가는 신생 기업 CEO인 A 씨는 황당한 일을 겪었다. 어느 날, 낯선 여성이 A 씨를 만나고 싶다며 회사로 연락을 해왔다. 실무자를 통해 접촉해서 용건을 알아보니, 10여 년 전 자신이 A 씨에게 성희롱을 당했는데 그 때문에 지금까지 심한 정신적 고통을 받고 있으니 사과를 받고 싶다는 것이었다.

A 씨는 그런 일이 없다고 펄쩍 뛰었다. 그를 만난 전문가가 여러 차례 확인해도 마찬가지였다.

그러나 면담을 거듭하며 조심스럽게 과거를 되짚어나가다 보니, 아주 희미한 기억의 조각들이 떠올랐다. 연락해온 여성은 A 씨 옛 친구의 여자친구였는데, 한두 번 술자리를 같이했던 적이 있었다.

다만 A 씨는 절대 그 여성에게 성희롱을 한 일도, 할 의도는 절대 없었으며 그럴 상황도 아니었다고 강변했다. 얘기를 들어보니 실제 그랬을 가능성이 커 보였다. 하지만 문제는 그 당시 상황이, A 씨의 마음과는 달리 다른 사람이 들으면 오해를 살 수도 있었다는 것이다.

A 씨는 뒤늦게 그 사실을 인정하며 그 여성과 접촉해서 사과의 뜻을 전했고, 피해자는 그것을 받아들였다. 결과적으로 일은 더 커지지 않았고, A 씨는 큰 충격 없이 평판을 지킬 수 있었다. 중요한 것은, 그가 자기합리화의 덫에서 벗어나 상황을 제대로 봤고, 감정

보다는 관계 회복을 선택했다는 점이다.

하버드 비즈니스 스쿨의 에이미 에드먼슨 교수의 연구에 따르면, 실수를 인정하고 책임지는 리더십은 오히려 조직 내 신뢰를 강화하고 '심리적 안전감psychological safety'을 높인다고 한다. 이는 단기적으로는 어려운 결정일 수 있지만, 장기적으로는 조직과 개인 모두에게 이익이 되는 선택이다.

하지만 모든 사람이 이렇게 이성적 혹은 합리적으로 대처하는 것은 아니다. 과거 행정부 모 부처의 장관으로 내정됐다가 낙마한 B 씨가 그런 경우다. 내정 소식이 발표되자, 언론과 SNS는 그의 과거 행적을 집중적으로 검증하기 시작했다. 일부 언론에서 B 씨에 대해 음주운전, 부동산 투기 의혹, 자녀 특혜 채용 의혹 등 여러 논란을 제기했고 언론의 검증은 더 심해졌다. 이 과정에서 B 씨는 이런 의혹 제기에 대해 '마녀사냥'이라고 반발하며 억울함을 하소연했고, 기자회견을 열어 자신의 입장을 밝혔다.

하지만 그의 이런 발언은 더 좋지 않은 인상을 주었고, 논란이 계속되면서 결국 그는 내정자 자리에서 물러났다. B 씨는 논란에 대해 "다들 그렇게 한다"는 주장도 폈지만, 언론과 여론에서는 B 씨의 해명이나 대응이 사회적 기대와 다르다는 지적이 많았다. 세상은 이미 그 '다들' 그렇게 하는 관행을 용납하지 않는 시대로 바뀌어 있었던 것이다.

이밖에도 언론을 통해 연일 사회 지도층 인사의 각종 행태, 일반 국민은 물론 전문가가 보기에도 혀를 차게 하는 언행이 쏟아지지만, 정작 당사자들은 죄의식은 고사하고 조금도 부끄러워하는 모습을 보이지 않고 있다.

외국에서도 2018년 보도돼 문제가 된 영국 옥스팜 사례처럼, 조직의 위기 대응 실패가 심각한 결과로 이어지는 일이 잦다. 당시 옥스팜은 아이티 지진 구호 활동 중 일부 직원의 성적 비위 사건이 외부에 알려졌고, 초기에 사건을 축소·은폐하려 했다는 비판을 받았다. 이후 조직적 은폐 시도가 드러나면서 영국 정부의 지원이 중단되고, 수천 명의 후원자가 이탈하는 등 큰 타격을 입었다.

내가 뭘 잘못했다고…

갑질을 일삼는 사람들은 종종 자신만의 좁은 세계에 갇혀 있다. 특정 직업군이나 폐쇄적인 환경에서 오랜 기간 같은 방식으로 지내며, 바깥세상에서 통용되는 기준, 특히 변화된 사회적 감수성을 제대로 알지 못하는 경우가 많다. 한마디로, 세상의 눈높이와 자신의 기준에 큰 차이가 있다. 특히 권력과 영향력을 지닌 이들이나 오랜 기간 높은 사리에 있었던 사람일수록, 사회와 구성원들이 자신을 어떻게 바라보는지 감지하지 못할 확률이 높다.

더 큰 문제는, 이들이 자기중심적 사고방식을 '정상'이라고 여기고, 외부의 비판적 시선을 '너무 과민하거나 악의적인 반응' 정도로 치부한다는 점이다. 설령 자신의 행동에 문제가 있었음을 어렴풋이 인식하더라도, "나는 나름대로 불가피한 이유가 있었어"라고 안일하게 변명하곤 한다. 이렇듯 안목이 좁은 사람, 우물 안 개구리는 자신이 어떤지를 모른다.

이러한 모습은 극단적 '내로남불'의 전형이다. 주위 사람들 역시 불필요한 마찰을 피하려고 조언을 꺼린다. 혹여 누가 용기를 내어 지적하더라도, 제대로 귀 기울이지 않으니 점점 아무도 말을 하지 않게 된다. 결과적으로, 잘못된 행동이 반복되고 상황은 악순환으로 빠지게 되는 것이다.

자기암시에 가까운 자기 확신에 빠져 낭패를 자초할 때도 많다. 예를 들어, 오랜 기간 고위 공직을 지낸 C 씨는 평소 자신에 대해 "나는 겸손하고, 타인을 배려하는 사람"이라고 주변에 자주 말하곤 했다. 언뜻 보기에는 스스로 겸손해지려는 자기 주문 같지만, 실제로 그는 자신이 그런 사람이라고 온전히 믿고 있었다. 그가 이런 생각을 말로 표현할 때, 누구도 그 앞에서 다른 지적을 하지 않았고, 그는 자기 생각을 간직하며 지냈다.

그런데 이 사람이 고위직에 내정될 가능성이 있다는 소문이 나자, 수면 아래 감춰져 있던 동료와 후배들의 불만이 한꺼번에 터져 나왔다. 그 결과, 그는 검증 단계에서 예상치 못한 비판에 직면하게 되었고, 끝내 뜻을 이루지 못했다.

이처럼 받아들이기 힘든 현실이나 불편한 피드백을 외면할수록, 평판위기의 가능성은 더 커진다는 점을 명심해야 한다.

공자의 우화는 오늘날에도 깊은 시사점을 준다. 어느 날 공자가 제자들과 길을 가던 중, 한 사람이 담벼락 뒤에 숨어 오줌을 누는 모습을 보고, 그를 불러 심하게 꾸짖었다. 하지만 잠시 후 이번에는 길 한가운데에서 버젓이 용변을 보는 사람을 만났는데, 아무 말 없이 지나쳤다.

이 모습을 이상하게 생각한 제자가 물었다. "스승님, 왜 앞 사람은 꾸짖고, 뒤 사람은 그냥 두십니까?" 공자가 대답했다. "담 뒤에라도 숨으려는 사람은 그나마 부끄러움을 아는 사람이니, 고칠 가능성은 있다. 그러나 길 한가운데에서 대놓고 똥을 싸는 사람은 부끄러움을 모르기 때문에 가르쳐도 변하지 않는다."

《논어》〈양화〉편에도 이와 유사한 교훈이 나온다. "唯上知與下愚不移(유상지여 하우불이)." 가장 지혜로운 사람은 이미 완성된 경지에 있어 변할 필요가 없고, 가장 어리석은 사람은 아무리 가르쳐도 변하지 않는다는 뜻이다.

미국의 위기관리 전문가 짐 루카세스키는 위기 상황에서 가장 위험한 태도는 '나는 아무 잘못이 없다'는 태도라고 지적한다. 그는 위기 커뮤니케이션에서 가장 치명적인 실수는 문제의 존재 자체를 부정하는 것이라고 강조한다.

What to do

☑ **역지사지의 자세를 갖춰라.**

'역지사지(易地思之)'라는 한마디를 기억하자! 즉, 무슨 일이든 내 입장이 아닌 상대방의 입장에서 한 번 더 생각해보는 습관을 들이라는 뜻이다. '내가 만약 다른 사람이라면, 내 말과 행동이 어떻게 받아들일까?' 스스로에게 이 질문을 한 번쯤은 해본 후 행동한다면, 불필요한 평판위기는 상당 부분 예방할 수 있다.

오늘날 평판은 법적인 기준만으로 좌우되지 않는다. 훨씬 더 복잡하고 섬세한 사회적·윤리적 감수성에 의해 평가받는 시대다. 법적으로 문제없다 하더라도, 사회가 불편하게 느끼면 이미 평판위기는 시작된 것이다. 그러므로 '그게 뭐가 문제냐'는 생각 자체가 바로 위기를 품은 씨앗이다.

세상에 비밀은 없다

숨겨진 것은 드러나기 마련이고,
알려지지 않은 것은 알려지기 마련이다.
– 누가복음 8장 17절

투명한 사회에서 비밀의 종말

"어떻게 알았지?", "이게 어떻게 새나갔지?" 기자 시절부터 공직, 금융기관, 로펌까지 다양한 분야를 거치는 동안 수없이 들었던 말이다. 하지만 듣는 사람, 특히 언론인의 시각에서 보면 이런 반응이 오히려 더 이상하다. 정말 그들은 자신들이 비밀이라고 얘기하는 '그것'이 정말 비밀이라고 생각했던 걸까?

우리는 이제 더 이상 비밀이 존재할 수 없는 시대에 살고 있다. 그것이 무엇이든, 숨길 수 있다고 믿는 것이 오히려 순진한 착각이다. 스마트폰, SNS, 감시 시스템, 무한 경쟁의 언론 생태계, 디지털 기술…. 모든 것이 상시 감시하고 기록하고 전파하는 시스템으로 작동한다. 숨긴다고 숨겨지는 것이 아니라, '아직 드러나지 않았을 뿐'인 시대다. 여기다 내부 고발자는 갈수록 늘어나고 있다.

과거에는 시간이 지나야 밝혀지거나 아니면 아예 덮여버릴 법한 일들이 이제는 몇 시간, 혹은 불과 몇 분 만에 드러난다. 단둘이 나눈 문자 메시지, 전화 통화, 사석의 대화조차 여과 없이 저장·녹음·녹화되고 공개된다. 블랙박스, 스마트폰, CCTV, 몰래 녹취, 화면 캡처…. 모든 것이 자동으로 기록되고 손쉽게 공유된다.

국회의원이 동료와 국회의사당 복도에서 나눈 대화가 그곳에 설치된 CCTV와 감지 마이크에 그대로 포착되어 언론을 통해 세상에 공개된 사건은 이러한 현실을 잘 보여준다. 국회의사당 본회의장 내 의원 자신의 자리에서 주고받은 휴대폰 문자 메시지가 기자의 카메라에 찍혀 문제가 된 게 한두 번이 아니다. 예전 같았으면 "오해다"라며 넘어갔을 일이, 이제는 사진이 생생한 증거로 남아 있고 많은 사람에게 공유되기에, 빠져나갈 데가 없다. 오늘날 관심을 받는다는 것은 벌거벗은 채 광장 한가운데에 서 있는 것이나 다름없다. 개인이든 조직이든 '감시의 눈 밖'에 있을 때만 그래도 평온할 수 있다. 일단 관심권에 들어오는 순간, 그들의 말, 행동, 과거까지 총체적으로 스캔 당하고 바로 평판위기로 이어진다.

이러한 변화는 투명성을 높여 사회적 책임을 강화했지만, 개인과 조직에게는 새로운 위기의 도래를 의미한다.

기술 발전에 따라 감시망은 강화된다

대한민국 국회의원은 300명이다. 그런데 국회사무처에 등록된 출입 기자만도 무려 1,700명이 넘는다. 여기에 등록되지 않은 유튜버와 그곳에서 정치인들의 언행을 목격하는 직원 등 수많은 '눈'을 합치면 그 숫자는 획기적으로 늘어난다. 당 대표나 대변인 등 주요 인사 주변에는 늘 수십, 수백 개의 마이크와 카메라, 스마트폰이 몰리고, 예외 없이 모든 장면이 녹화되고 녹음된다.

"상대를 믿고 무심코 한 모든 말이 녹음되고, 공개되기도 하는 세상이다. 연일 누군가의 녹취록이 터진다. 생생한 육성의 '빼박 증거'니, 누구는 나락 엔딩을 맞고 누구는 기사회생한다(《중앙일보》 칼럼, 2024년 11월 4일)." 그러니 소위 세간의 관심을 받는 인물들, 공직자나 기업인·정치인·연예인과 같은 유명 인사들에게는 사생활이라는 개념이 적용되지 않는다. 그들의 일거수일투족은 공개된다.

정치인은 물론 장·차관이나 기관장 등 고위직은 사석에서 한 발언이나 몇 달, 몇 년 전에 쓴 논문이나 글이 논란의 소지가 되고 이때문에 낙마로 이어지곤 한다. 관심을 받는 순간, 그 대상자에 대한 정보는 비단 '기자'가 아니라도 '관심을 가진 누군가'에 의해 먼저 검증당하고 유통된다. 때로는 사실이 아닐지라도, 그 정보가 세상에 알려지는 순간 당사자나 조직은 이미 타격을 입는다. 한번 나간 '뉴스'는 빛의 속도록 확산된다. "기억나지 않는다"라는 변명은 안 통한다. 다른 사람이, 다른 수단이 이미 모든 것을 기록해 놓았기 때문이다.

이런 상황에서 어떻게 추적과 폭로를 피할 수 있겠는가. 한 정치평론가는 "왜 저걸 비밀이라고 생각할까 의아할 때가 많다"라고 말했다. 이 말은 우리가 살아가는 사회에서 비밀이라는 개념이 얼마나 무너져 내리는지를 보여준다.

기술의 발전은 이 감시 체계를 한층 강화했다. 2023년 말 기준 서울 시내에 설치된 공공 CCTV는 17만 대를 훌쩍 넘어섰다. 불과 몇 년 전만 해도 10만 대 수준에 머물던 것이 단기간에 폭발적으로 늘어난 것이다. 중요한 점은 단순한 수의 증가가 아니다. 기존 장비들이 차례로 AI 기반 지능형 CCTV로 전환되면서, 단순 기록을 넘어 이상행동을 자동으로 탐지하고 상황을 실시간으로 인식하는 체계가 갖춰지고 있다.

행정안전부와 한국인터넷진흥원의 2021년 조사에 따르면, 30·40대 직장인은 하루 평균 약 98회 자신도 모르는 사이 카메라에 노출된다. 이는 이동 중 거의 9초마다 한 번씩 기록된다고 밝힌 2010년 국가인권위원회의 조사와도 맥을 같이한다. 기술 발전과 CCTV의 폭증을 고려하면, 지금은 그 횟수가 훨씬 더 늘었을 것이다. 결국 프라이버시는 사실상 사라졌다. '세상에 비밀은 없다'는 말은 더 이상 수사적 표현이 아니라 현실을 정확히 묘사하는 문장이 된 시대다. 도시의 모든 순간이 '누군가'에 의해 기록되고 분석되는,

거미줄 같은 시선 속에서 우리는 살아가고 있다.

더 무서운 것은 디지털 포렌식 기술의 획기적인 발전이다. 이제 스마트폰은 우리의 몸의 일부가 됐다. 스마트폰 없이는 일상생활이 어렵다고 해도 과언이 아니다. 2024년 기준 한국의 스마트폰 보유율은 95.3%(방송통신위원회)로 사실상 전 인구, 특히 경제활동인구는 거의 모두가 스마트폰을 사용하고 있다고 할 수 있다. 그리고 우리의 일거수일투족은 스마트폰을 통해 기록되고 저장된다. 누가, 언제, 어디를 갔으며 누구와 어떤 통화를 했고 어떤 문자 메시지를 주고받았는지 모든 것이 남는다. 개인적으로 문제가 생겨 기록을 없애기 위해 자신의 스마트폰을 리셋해도 그런 자료를 완전히 없애는 것은 거의 불가능하다.

설사 자기 스마트폰에서는 기록과 자료를 삭제한다 해도, 모든 활동은 '디지털 발자국'으로 남아 있어 포렌식을 통해 데이터가 대부분 복구된다. 삭제된 문자 메시지나 이메일도 쉽게 복구할 수 있다. 대형 금융 스캔들, 기업 내부 고발 사건 등의 실상이 하나둘씩 드러나는 것도 이러한 기술 덕분이다. 사건·사고가 터지면 가장 먼저 버리거나 혹은 확보하려는 것이 스마트폰이다.

전문가들은 "클라우드 포렌식, 모바일 포렌식, IoT 포렌식 등의 기술을 통해 다양한 성보와 기록을 해제·복구·분석하는 것이 가능해졌다"라고 말했다. 인터넷과 SNS는 정보 확산을 가속화한다. 한 개인의 게시물이 전 세계로 퍼지는 데 단 몇 초면 충분하다. 정보의 민주화는 이루어졌지만, 이와 동시에 비밀을 유지하는 것이 사실상 불가능해졌다.

미국의 페이스북 창업자 마크 저커버그가 2010년에 한 말이 지금은 더욱 의미심장하게 다가온다. "사람들은 더 많은 정보를 자유롭게 공유하게 되었고, 그 결과 프라이버시에 관한 사회적 규범이 변했다." 그는 이미 당시, 기술 발전이 프라이버시의 기준 자체를 바꾸고 있음을 강조했다. 지금은 AI 시대를 맞아 감시의 시선이 더욱 촘촘해졌다.

비밀 유출, 내부의 적이 더 큰 위협

기업도 마찬가지다. 해킹과 같은 외부 요인뿐 아니라 내부의 제보도 늘었다. 내부의 정보 유출은 아무리 외부 보안을 강조해도 불가피하게 벌어진다. 최근 개인정보보호위원회와 관련 기관의 분석에 따르면, 지난 10여 년간 발생한 1,000만 건 이상의 개인정보 유출 사고 중 상당수가 내부자에 의한 것으로 나타났다. 이는 아무리 철저한 보안 시스템을 갖추어도 특정인에 의한 내부로부터의 정보 유출을 완전히 막을 수 없다는 것을 의미한다.

한 금융 그룹에서 있었던 일이다. 중요한 회의가 한창 진행되고 있었다. 안건은 언론계의 관심을 많이 받는 이슈였고, 회의 참석자들에게는 보안과 비밀 유지가 거듭 강조됐다. 최근에도 보안을 요하는 회의 내용이 외부로 흘러나간 적이 있었기에, 이날 참석자들과 관계자들은 더욱 예민해진 상태였다. "휴대폰을 지참하지 말라"는 요청까지 있었다. 하지만 모든 조치가 부질없었다. 회의 상황이 거의 실시간으로 외부에 중계되다시피 했다.

회의에 참석한 많은 관계자가 기자들과 나름대로 사적인 인연을 맺고 있다 보니, 계속되는 문의에 응답하는 과정에서 내부 분위기를 눈치채게 만든 것이다. 참석자 본인들은 정보를 유출했다고 생각하지 않았다. 구체적인 사실이나 정보를 말한 것이 아니었기 때문이다. 하지만 훈련된 기자들은 짧은 언급, 뉘앙스, 반응과 목소리만으로도 충분히 단서를 얻었다.

중견기업 A사에서도 비슷한 일이 있었다. 중요한 회의가 끝나기가 무섭게 내부 내용이 외부로 새나가는 일이 잦았다. 보안을 거듭 강조하고, 심지어 도청 방지 장치까지 설치했지만 별다른 변화는 없었다. 정밀 조사 결과, 이곳 역시 참석자들이 나름대로 조심했다고 믿었지만, 전문가들의 집요한 취재에 무심코 말려들었음이 드러났다.

참석자들은 스스로 '비밀을 잘 지켰다'라고 생각하지만, 일상적이고 무심한 한마디, 짧은 리액션미저도 '정보 유출'로 이어질 수 있다. 취재 전문가의 기술은 여기 있다. 퍼즐 조각을 하나씩 모으듯, 단편적인 정보를 조합해 전체 그림을 완성한다. '정확히' 누설하지 않아도, 단순한 분위기 전달만으로도 중요한 정보가 외부로 빠져나갈 수 있다. 그 피해는 결국 취재 대상인 조직과 임직원이 고스란히 감당하게 된다.

2018년 테슬라의 CEO 일론 머스크는 사내 이메일을 통해 "정보 유출자가 내부에 있다"라고 경고하며 사소한 정보라도 모두 모이면 경쟁사에 큰 자산이 될 수 있다고 경계했다(CNBC, 2018년 6월). 그런데 아이러니하게도, 바로 이 내부 이메일조차 언론에 유출되어 대외적으로 파장을 일으켰다.

이처럼 이제는 '완벽한 비밀'이란 없다. 기술의 발달, 무의식적인 실수 또는 악의적 목적에 이르기까지 모든 요인에 의한 비밀 유출은 기업, 조직, 심지어 국가의 평판과 신뢰에 심각한 위기를 초래할 수 있다. 언제 어디서든 평판위기의 뇌관이 생길 수 있음을 잊지 말아야 한다.

What to do

☑ **비밀이 없다는 현실을 받아들여야 한다.**

평판위기의 본질은 '드러난 사실 자체'가 아니라, '드러날 수 있다는 가능성'을 간과한 태도에서 비롯된다. 세상은 변했다. 비밀이 점점 사라지고, '투명함'은 선택이 아닌 생존의 조건이 되었다. 이제는 감춘다고 감춰지지 않는 세상이다. 어떻게 해서든 사실을 '묻어두는' 방법을 궁리하기보다, 애초에 평판 문제가 생길 일을 만들지 않는 것이 최선이다. "기억나지 않는다"는 변명 역시 무의미하다. 필요하다면 다른 경로에서, 다른 사람이 그 기억을 찾아주기 때문이다.

문화는 전략을 아침식사처럼 삼켜버린다.
-피터 드러커

대충 문화: 관용의 탈을 쓴 위험한 덫

"그만하자. 이 정도면 됐잖아." 이 짧은 문장은 우리 사회의 아픈 단면을 상징적으로 보여준다. 일이나 상황을 완전히 매듭짓기보다는 적당한 선에서 마무리하고 넘어가려는 태도, 사소한 실수나 규칙 위반을 지적하는 사람은 '까다로운 사람'으로 낙인찍히고 이를 눈감아 주는 쪽이 오히려 '포용력 있는 사람'으로 평가받는 풍토가 사회 전반에 뿌리내려 있다.

"눈치껏 하라"는 말은 한국 사회에서 일종의 생존 전략처럼 통용된다. 문제를 드러내기보다는 모른 척 넘어가는 것이 인간관계를 원만하게 유지하는 비결로 여겨지는 분위기 속에서, 원칙과 룰, 규칙을 강조하는 이는 '융통성 없는 사람'으로 몰리기가 십상이다.

이런 현상은 개인의 일상생활이나 인간관계 차원을 넘어 조직 문화 전반에 영향을 미친다. 규칙을 어겨도 처벌받지 않고, 심지어 이를 문제로조차 인식하지 않는 경우가 비일비재하다. '대충 넘어가기'가 현명한 처신처럼 받아들여지고, 규칙을 강조하거나 문제를 지적하는 사람은 오히려 '트러블 메이커'로 취급된다.

대충 넘어가는 태도는 표면적으로는 덜 시끄럽고 유연해 보일 수 있다. 그러나 그 이면에는 원칙이 무너지고, 책임이 흐려지며, 결국 신뢰가 침식되는 심각한 위험이 도사리고 있다.

이렇게 형성된 '대충 문화'는 단지 개인의 습관으로 끝나지 않는다. 반복을 통해 조직 전체에 스며들어 구조적 문제로 이어진다. 일단 조직 문화로 굳어지면 그 폐해는 더욱 커진다. 제품 품질을 대충 관리하면 소비자의 신뢰를 잃고 기업의 명성은 타격을 입는다. 교통 법규를 대충 지키면 사고 위험이 증가한다. 법과 원칙, 규칙을 느슨하게 적용하는 사회는 공정한 시스템 자체가 무너진다.

결국 "이 정도면 됐어"라는 안이한 태도가 반복될수록, 개인은 물론 기업, 조직, 나아가 사회 전체가 위기에 빠질 수밖에 없다. 위기는 큰 사건에서 시작되지 않는다. 대충 넘어간 작은 균열이 쌓여 어느 순간 통제할 수 없는 붕괴로 이어지는 것이다.

D사의 부실 감사 및 회계 부정 사건, K사의 선로 침수 사건

(2023년) 등 크고 많은 사건·사고의 배경에는 '대충 관행' 혹은 예고된 위기조차 대충 넘기려는 풍토가 자리 잡고 있다.

'대충대충'이 빚은 위기의 사례들

대기업 A사는 신제품을 출시하며 기대감을 높였다. 초기 반응은 괜찮았고 판매도 순조로웠다. 하지만 얼마 지나지 않아 제품 하자가 드러나면서 소비자 불만이 곳곳에서 터져 나왔다. 초반에는 일부의 항의로 여겨졌지만, 이후에 사태가 커지고 심각해졌다. 회사 측은 할 수 없이 리콜과 수습에 나섰다. 그러나 그 여파로 인한 경제적 손실과 브랜드 이미지 하락의 타격은 매우 컸다.

A사는 후속 조사 결과를 확인하며 더 큰 충격을 받았다. 원인을 조사해보니, 일부 직원들은 이미 개발 초기부터 이 제품의 결함 가능성을 알고 염려하고 있었다. 그러나 누구도 이를 적극적으로 제기하지 않았다. 내가 맡은 일이 아니라는 이유로, 또는 구체적으로 해결책을 제시하기 어려운 상황에서 섣불리 나서기가 쉽지 않아서, 입을 다물었던 것이었다. 이렇듯 문제를 '그냥 넘기고' 지적하지 않는 문화가 누적되면서 결국 대형 위기로 이어진 것이었다.

국내 대기업 B그룹의 계열사에서도 심각한 제품 하자 문제가 발생한 적이 있었다. B그룹은 이 일을 계기로 모든 계열사를 대상으로 품질 점검 및 개선 과제에 대한 자진 신고 캠페인을 벌였다. 그러나 한동안 아무런 신고도 들어오지 않았다. 최고경영진은 이상하다고 생각했다. '정말 문제가 없는 것인지' 의구심을 갖고 고민을 거듭했다.

그래서 이후 신고 기간에는 '익명 보장', '과거 하자 절대 불문'과 함께 다른 부서 제품에 대한 신고는 포상하겠다는 파격적인 조건을 내걸었다. 또한, 하자 책임자 본인과 자진 신고자에게 불이익을 주지 않겠다고 약속했다.

그러자 숨겨졌던 문제점 신고가 한꺼번에 쏟아져 들어왔다. 한 임원은 당시 상황을 이렇게 회고했다. "심각하더군요. 이렇게 많은 문제가 감춰져 있었다니. 놀랍더군요. 모두가 대충 하는 분위기가 만연했던 것이었어요"라고 말했다.

이후 B그룹은 전사적 품질 관리 시스템의 대대적 혁신에 나서 세계적인 품질 경영 기업으로 거듭났다. 당시 숨어 있던 문제들이 드러나지 않았다면 심각한 평판위기로 몰릴 수 있었던 아찔한 순간을 지혜롭게 극복한 결과였다.

생활 속에 스며든 '대충' 문화

이런 '대충' 문화는 비단 기업이나 조직 활동에만 존재하는 것이 아니다. 우리 사회 전반, 개인 생활은 물론 학교 등 일상에서도 쉽게 찾아볼 수 있다. 단순히 일을 완벽하게 마무리하지 않는 단계를 넘어 법이나 규칙, 의무, 질서는 물론 기본적인 룰이나 매너, 예의 조차도 대충대충 넘어가고 갈수록 이것이 용납되는 것이 최근의 현상이다.

영국에서 오래 사업을 하다가 한국으로 돌아온 K 씨는 지인들과 골프장을 찾았다가 깜짝 놀랐다. 함께 라운딩하는 이들이 아주 기본적인 골프 룰과 매너에 대해 거의 신경을 쓰지 않는 것이었다. 이 사람들만 그런가 생각했는데, 다른 자리에서 만난 사람들도 대부분 비슷한 수준이었다. 골프의 기본인 룰과 최소한의 매너도 지키지 않는 것은 물론, 그런 문제를 제기하는 그를 도리어 이상한 사람으로 취급했다.

영국에서는 전통 있는 골프클럽에서는 신규 회원이 되려면 우선 기존 회원의 추천이나 초청이 필요하고, 규칙 준수와 매너가 엄격히 요구된다. '룰이 있어야 게임이 공정해진다'는 문화가 자리 잡고 있는 것이다. 굳이 공정까지는 아니더라도, 스포츠의 세계에서는 기술을 익히기 전에 최소한의 룰 혹은 함께하는 상대에 대한 기본적인 배려는 갖추어야 한다. 그래야 함께 즐길 수 있다. 하지만 한국에서는 "그 정도는 그냥 넘어가도 되는 것 아니냐"고 말하는 분위기가 팽배했다. K 씨는 "놀러 와서 뭘 그렇게 따지느냐?"는 핀잔까지 들어야 했다.

일부 공직자들이 출퇴근을 허위 혹은 편법으로 기재해 수백만 원의 수당을 받아간 일이 심심찮게 보도되는 것도 우리 사회의 어두운 부분을 보여준다. 오죽했으면 출퇴근을 체크하는 모바일 인증서까지 도입하려 했을까. 그밖에도 낮은 교통법규 준수 실태, 경찰의 공권력을 무시하는 행태 등 우리 사회의 위기 요인들이 널려 있다.

가장 모범에 되어야 할 학교에서도 예외가 아니다. 해외에서 초등학교에 다니다 귀국한 한 학부모는 자녀가 초등학교에서 겪은 일을 전했다. 친구들이 질서와 규칙을 지키지 않아 할 수 없이 선생님께 알렸더니, 칭찬을 받기는커녕 "네가 너무 예민한 거 아니니?"라는 말을 들었다고 한다. 이 경험은 아이에게 규칙을 지키는 것이 오히려 손해라는 인식을 심어줬다며 혀를 찼다. 결국, 이런 태도가 어릴 때부터 형성되어 성인이 되어서도 조직과 사회에서 반복된다.

법 경시 현상은 청소년 문제에만 국한되지 않는다. 준법의식은 사회 전반의 문화와 가치 체계, 제도의 작동 방식과도 밀접한 관련이 있다. 따라서 미래 세대를 위한 법 교육을 강화하고 더 나아가 공동체 전체가 법과 정의를 어떤 관점에서 바라보는지에 대한 성찰이 필요하다.

'대충'을 버림으로써 이룬 성공

삼성전자가 '품질의 삼성'을 추구하게 된 결정적 전환점이 있다. 이때를 계기로 삼성은 '대충' 문화를 버렸고, 그로부터 새로운 도약이 시작되었다. 그 장면을 보자.

1993년 6월, 이건희 당시 삼성전자 회장은 사내방송팀으로부터 전달된 비디오테이프를 보고 큰 충격을 받았다. 세탁기 생산라인에서 뚜껑이 규격에 맞지 않자 직원들이 플라스틱 뚜껑의 접촉면을 칼로 깎아 임의로 조립하는 모습이 담겨 있었던 것이다. 원칙대로라면 부품을 재설계해야 했지만, 현실은 '대충 맞추는' 관행이 굳어져 있었다.

이 회장은 즉각 임원진을 독일 프랑크푸르트로 소집해 전사적 변화와 혁신을 주문했다. "마누라, 자식 빼고 다 바꿔라"라는, 이른바 프랑크푸르트 선언(신경영 선언)이 이것이다. 양(量)이 아닌 질(質) 중심 경영이 공식화된 순간이었다.

1년 뒤인 1994년 삼성전자는 무선전화기 '애니콜'을 내놨지만, 초기 불량률이 10대 중 한 대꼴로 소비자 불만이 쏟아졌다. 이 회장이 지인들에게 휴대폰을 선물했는데 불만의 목소리가 들릴 정도였다고 한다.

이 회장은 곧바로 불량품 전량을 수거해 새 제품으로 교체토록 지시했고, 1995년에는 구미사업장 운동장에 약 15만 대의 불량 무선전화기를 쌓아두고 임직원 2,000여 명이 지켜보는 가운데 해머와 불도저로 파괴한 뒤 소각하는 '화형식'을 단행했다.

이 극약처방 이후 삼성전자의 현장에는 불량에 '대충' 대처하는 분위기가 사라졌고, 같은 해 8월 애니콜은 51.5%의 시장 점유율로 모토로라를 꺾고 국내 1위에 올라섰다. 이 사건은 '품질의 삼성' 도약의 결정적 분기점이자, 평판위기 극복의 아름다운 전환점으로 널리 회자되고 있다(언론 보도와 삼성웨이 등 종합).

What to do

☑ **강력한 제재와 일관된 법 집행**

선진국에서는 사소한 규칙 위반도 '무관용 원칙'에 따라 제재하는 경우가 많다. 예를 들어, 쓰레기 분리수거 규칙 위반도 지역 사회에서 엄격히 문제 삼고, 기업 내에서는 품질 규칙 위반에 대해 즉각적인 시정 조치가 이뤄진다. 이러한 자율 규제를 뒷받침하는 'Neighborhood watch(이웃 감시)' 제도도 있다. 일상생활에서 불법이나 부정행위, 각종 규칙 위반을 발견한 시민이 신고하면, 위반자는 즉각 처벌을 받게 된다. 물론 무고는 방지되어야 하지만, 법과 규정, 룰을 어긴 경우 반드시 책임이 따르고 일관된 처벌이 이어져야 사회 신뢰가 유지된다.

☑ **학교 교육에서부터 규칙 준수를 강조해야 한다.**

변화의 핵심은 바로 교육에 있다. '삼세지습지우팔십(三歲之習至于八十)' 즉 세 살 버릇 여든까지 간다는 속담처럼, 어릴 적 형성된 습관이 평생을 좌우한다. 일본의 도덕 교육, 미국의 SEL(Social Emotional Learning) 프로그램처럼, 한국에서도 규칙 준수와 책임 의식을 강조하는 교육이 강화되어야 한다. 특히 한국에서는 "학교에 가면 버릇이 나빠진다"라는 현실적 지적이 있을 정도로 규칙 교육은 아쉬운 부분이 많다. '규칙을 지키는 것'이 곧 공정한 경쟁의 출발점이며, 이는 개인과 조직, 사회의 경쟁력과 직결된다는 가치관을 심어주는 교육이 시급하다.

☑ **사회적 캠페인을 통한 문화적 변화**

규칙을 지키는 사람이 존중받는 문화를 만들어야 한다. 기업, 공공기관, 스포츠 단체 등이 앞장서서 '룰 준수'의 기치를 강조하고, 운동 경기에서처럼 규칙을 철저하게 지키는 것이 경쟁력이라는 메시지를 알려야 한다. 이처럼 문화와 의식이 바뀌는 것이 실질적 변화의 시작이다.

우리는 사물을 있는 그대로 보지 않고, 자기 자신이 보고 싶은 대로 본다.
– 아나이스 닌 (프랑스 태생 미국 작가)

'끼리끼리' 문화와 확증 편향

사람은 보고 싶은 것만 보고, 듣고 싶은 것만 듣는 경향이 있다. 이는 심리학적으로 '확증 편향Confirmation Bias'이라 불리며, 인간의 인식은 자신의 경험과 가치관에 의해 제한됨을 의미한다. 영국의 인지 심리학자 피터 웨이슨이 1960년대에 실험적으로 제시한 이 개념은, 사람들이 기존에 가지고 있던 신념을 강화하는 정보만 받아들이는 경향을 뜻한다.

특히 개인적 신념이 강한 사람, 사회적 지위가 높은 사람일수록 이러한 확증 편향에 더 쉽게 사로잡힌다는 연구 결과도 있다. 문제는 이런 편향된 시각이 개인 차원을 넘어 조직과 기업, 또는 사회 전반에 영향을 미칠 때 커다란 부작용을 낳는다는 점이다. 특히 의사결정권을 가진 인물이 확증 편향에 빠지면 국가적 정책 실패나 기업의 평판위기로 이어질 수 있다.

한 고위층 인사가 수도권의 최고급 골프장을 방문한 자리에서 이렇게 말하며 혀를 찼다. "이런 좋은 골프장은 외국에서도 보기 힘들다. 한국은 정말 좋은 나라다. 이런 좋은 나라에서 왜 젊은이들이 불만을 갖는지 이해할 수 없다."

그는 오랜 세월 특권 계층으로 대접받으며 경제적 어려움이나 사회적 불평등을 전혀 느끼지 못하고 살아왔다. 그의 '현실'에서 한국은 충분히 부유하고 살기 좋은 나라였다. 그리고 실제로 그의 인식이 사실일 수도 있다. 하지만 많은 청년층이나 사회적 약자가 겪는 취업난, 주거 문제, 생활고는 그의 인식 밖에 있었다.

이런 인식은 그가 '잘못된 사람'이라서가 아니라, 그가 보고 겪은 한정된 세계에서 비롯된 것이다. 결국, 각자가 살아온 경험이 곧 그 사람의 현실이기 때문이다.

진짜 문제는 이러한 좁고 편향된 시각이 국가 정책이나 회사 경영, 사회 여론 조성에 직접 영향을 미친다는 것이다. 이 경우 개인 관계는 멀어지고, 기업은 분열되고, 사회적 갈등이 심화되고, 조직이나 국가 단위까지 돌이킬 수 없는 위기로 연결될 수 있다.

이러한 확증 편향의 양상은 고위공직자를 대상으로 한 국회 인사청문회나 언론 인터뷰에서도 자주 드러난다. "돌잔치에는 금반지 대신 주식을 선물한다"거나 "운전병으로 채용된 것은 코너링이 뛰어나서였다"는 식의 발언은, 후보자들의 현실 인식이 사회 일반의 정서와 미묘한 괴리가 있음을 보여주는 사례로 기록된 바 있다. 또한 배우자를 보좌진 등으로 임용해 상당한 급여를 지급하고도 문제가 없다고 해명한 경우처럼, 논란이 된 행위를 오히려 정당화하는 태도 역시 반복적으로 나타났다. 나아가 공직 재직 중이나 퇴직 후 큰 경제적 이익을 끊임없이 누리면서도, 이에 대해 부끄러움이나 책임으로 받아들이지 않는 모습은, 우리 사회에서 지속적으로 지적되어 온 공통된 장면이기도 하다.

이러한 모습은 고위 공직자나 사회 지도층 인사들이 자신의 발언과 행동이 자신들의 책무에 부합하는지, 일반 국민의 눈높이에서 어떻게 비칠지에 대해 충분히 고민하지 않는 듯한 인상을 준다.

전문가들은 이른바 '끼리끼리' 문화 속에서 비슷한 환경의 사람들끼리만 교류하다 보면, 사회적 기준과 괴리된 집단 내 기준이 생길 수 있다고 우려한다. 세간에서는 "균형 잡힌 판단력과 비판 의식을 가진 인사들도, 청와대나 국회에 들어가 시간이 지나면 사람이 달라진다"라는 비판의 목소리가 많이 들린다. 외부 정보가 차단되고, 내부에서만 교류가 이뤄지는 권력 집단에서 생활하다 보면, 점차 자기네끼리 눈높이가 비슷해지고, 결국, 문제의식이 약화될 수 있다는 지적이다.

비슷한 상황은 글로벌 기업 C사에서도 있었다. 과거 일부 고위 임원들이 출장을 명분 삼아 회사 비용으로 사실상 호화 해외여행을 했다는 사실이 내부 제보를 통해 언론에 알려져 사회적 논란이 일었다. C사는 곧바로 사실 파악에 나섰고 유감을 표하는 사과문을 발표하는 등 사태 수습에 나섰고, 논란은 어느 정도 수그러드는 듯했다.

그러나 이후 일부 경영진이 "이 정도는 관행"이라는 취지의 발언을 했으며, 해당 보도의 제보 경위를 확인하려는 시도가 있었다는 언론 보도가 나오면서 다시 한번 여론이 요동쳤다.

C사의 일부 임원 입장에서는 억울했을 수도 있다. 해당 보도나 비판이 과장됐을지도 모르고, 실제로 그런 일이 '관행'이라는 것도 사실일 수 있다. 그러나 중요한 것은 더 이상 그러한 '관행'이 사회적으로 용인되지 않는 환경으로 변하고 있다는 점이었다. C사는 이후 재발 방지 대책과 제도적 개선 방안을 마련하며 노력했지만, 기업의 이미지와 신뢰도 측면에서 상당한 손실이 불가피했다.

이처럼 공직 사회나 기업, 기관 등 모든 곳에서 한때는 '관행'이라는 이유로 용인되던 행동이 이제는 사회적으로 정당화되지 않는 흐름이 형성되었다. 이에 걸맞게 변화해야 한다.

뉴스도 토론도 '내가 좋아하는 것만' 옳다

확증 편향은 직장에서도 조직 내 의사결정과 조직 문화에 악영향을 미친다. 반대 의견을 내는 사람들은 '부정적인 사람'으로 평가되고, 한두 번 이런 인상을 준 사람은 '무능한 직원'으로 낙인찍히기 쉽다. 이후 아무리 좋은 성과를 내도 이러한 평가는 쉽게 바뀌지 않는 경향이 있다.

하버드 비즈니스 스쿨의 에이미 에드먼슨 교수의 연구에 따르면, 심리적 안전감이 부족한 조직에서는 반대 의견을 제시하는 직원이 불이익을 우려하거나 실제로 겪을 수 있다《두려움 없는 조직》, 2019). 심지어 구성원이 명백한 팩트를 제시해도 조직이나 의사결정 권자의 기준에 맞지 않으면 받아들이지 않거나, 음모론을 맹신하는 조직도 적지 않다.

어느 모임에서 특정 인물의 평판이 화제가 되었다. 그 자리에 있던 대부분이 대상 인물에 대해 부정적으로 평가했다. 그러다 한 참석자가 다른 참석자에게 무심코 "선배 그렇죠?"라고 물었다. 같은 반응을 기대하며 던진 질문이었다. 그런데 그 선배의 대답에 좌중에서 폭소가 터졌다. 잠시 뜸을 들이던 그 선배는 "음…, 그런데 나한테는 잘해"라고 말한 것이다.

명답이었다. 그 사람의 평판이 좋지 않은 것은 안다. 하지만 자신한테는 잘하기 때문에 그를 부정적으로 평가하기 어렵다는 뜻이었다. 이는 인간의 지극히 본능적인 반응이기는 하다. 어떤 사람이 타인에게는 부적절한 행동을 하더라도, 자신에게 잘해줬다면 그를 비난하기 쉽지 않다. 이처럼 개인의 경험에 따른 제한된 인식이 객관적인 평가를 방해하기도 한다.

문제는 자신이 그렇게 믿는 데 그치지 않고, 다른 사람에게도 그런 생각을 주입하고 동조를 받으려고 하거나 심지어 인사나 의사결정에 영향을 끼치려 시도하는 일이 있다는 것이다.

고정관념과 편견이 가져오는 결과

다른 분야에서 오래 활동하다가 공직으로 전환한 한 인사는 검증 과정을 거치면서 이렇게 말했다. "나 자신은 나름 하자가 크지 않은 삶을 살아왔다고 생각했는데, 막상 당하고 보니 내가 기자라면 기사 쓸 거리가 많더라." 그는 자신이 비교적 올바르게, 크게 문제 될 일은 하지 않고 살았다고 생각했지만, 제3자의 시각에서는 여러 문제가 드러났던 것이다.

평생을 공직에서 몸담았던 한 지인도 은퇴 후 이렇게 말했다. "밖에 나와 보니 내가 얼마나 잘못 알았는지 알겠다. 내가 알았던 사람이 전부가 아니고 세상도 내가 안에서 생각했던 것과는 다르더라." 이 고백은 제3자의 객관적인 시각, 이해관계가 얽히지 않는 상황에서의 평가, 그리고 외부의 압도적인 여론은 자신이나 자신이 속한 집단의 평가와 다를 수 있다는 점을 시사한다.

기업 세계에서 편향된 인식은 심각한 위기를 초래할 수 있다. 세상의 변화와 외부의 인식에 둔감했다가 낭패를 본 대표적 사례로는 코닥이 있다. 코닥은 한때 필름 카메라 시장에서 압도적인 1위였으나, 디지털 시대의 도래에 효과적으로 대응하지 못했다. 경쟁사들이 디지털카메라 시장에 적극적으로 진출하는 동안, 코닥은 기존 필름 사업에 집착하다 변화의 흐름을 놓쳤고, 결국 2012년 파산 보호 신청을 하게 되었다.

노키아도 비슷한 사례로 자주 언급된다. 2010년대 초까지 세계 휴대폰 시장 점유율 1위를 유지하던 노키아는, 스마트폰 시장의 급격한 변화에 적절히 대응하지 못해 점유율이 빠르게 하락했다. 2010년 29%에 달하던 스마트폰 시장 점유율은 이후 급감했고, 2014년에는 휴대폰 사업을 매각하기에 이르렀다.

당시 경영진이 '심비안' 운영체제에 대한 강한 자부심과 기존 성공 경험에 대한 확신으로 인해 시장 변화를 과소평가했다는 평가가 있다. 실제로 스티븐 엘롭 전 CEO는 "우리는 변화에 너무 늦게 대응했다"라는 취지의 발언을 했다. 또한, 내부적으로도 "우리가 보고 싶은 것만 보았다"리며 자기 확증적 태도에 대해 반성하는 목소리가 있었다고 한다.

What to do

☑ **나 아닌 다른 사람의 눈으로 봐라.**

자기 생각이 늘 옳다는 태도는 위험하다. 잠시 그 믿음을 내려놓고, 다른 시각에서 한 번은 검토해볼 필요가 있다. 나와 눈높이·관점이 다른 외부 전문가나, 배경이 다른 사람들의 의견을 들어보라는 뜻이다. 그들의 의견이나 진단이 정답이 아닐 수 있다. 그러나 그런 과정을 거쳐야만, 내가 내린 판단이나 결정이 과연 타당한지를 검증할 수 있다.

〈하버드 비즈니스 리뷰〉의 조사에 따르면, 다양한 배경과 관점을 가진 사람들이 의사결정 과정에 참여할 때, 더 창의적이고 정확한 결과를 도출할 가능성이 커진다고 한다(David Rock and Heidi Grant, "Why Diverse Teams Are Smarter", 〈Harvard Business Review〉, 2016).

'국민정서'라는 신(神)

여론은 모든 의견 중 가장 형편없는 것이다.
- 니콜라 샹포르(프랑스 작가)

'국민정서'는 만능인가?

"한국에서 국민정서는 만능인가?" 영국의 저널리스트 마이클 브린은 저서 《한국, 한국인》(2018)에서 이런 흥미로운 질문을 던졌다. 1982년부터 한국에서 기자와 컨설턴트로 활동해온 그는 한국을 특징짓는 독특한 문화로 '국민정서'를 꼽았다. 국민정서를 '집단적 영혼'이라고 표현하며, 한국에서는 법적 판단이나 사실 검증보다 감정적 공감이 더 큰 영향을 미치는 경우가 많다고 분석했다.

'국민정서(國民情緖)'는 분명한 법적 정의나 기준은 없지만, 강력한 영향력을 가진 사회적 개념이다. 《표준국어대사전》은 이를 "한

나라 국민이 공유하는 기질이나 성향"이라고 정의하며, 영어로는 일반적으로 'national sentiment' 또는 'public sentiment'로 번역된다. 국민정서는 여론, 민의, 국민의 뜻 등 다양한 이름으로 불리면서 정치, 행정, 사법뿐만 아니라 기업 활동, 대중문화, 심지어 개인의 언행에까지 영향을 미친다. 특히 한국 사회에서는 국민정서가 위기의 시작이자 종착점 역할을 할 때가 적지 않다.

한국 사회에서 국민정서는 단순한 여론을 넘어, 사법부의 판단에조차 영향을 미친다는 지적을 받고 있다. 일부 사건에서는 '여론 재판'이라는 표현이 나올 정도로, 법적 논리보다 대중의 감정이 판결 결과를 좌우하는 경향이 있다는 지적이다.

예컨대, 한국법제연구원의 '법의식 조사'(연도별 조사에서 꾸준히 등장하는 항목)에서는 "법원이 판결을 내릴 때 국민 여론을 고려해야 한다"고 응답한 비율이 80%에 달한 적도 있다. 한국갤럽 등 여론조사 기관에서도 이와 유사한 결과가 반복적으로 나타난다. 이러한 경향은 때로 '국민정서법'이라는 비공식적 용어로 불린다.

2005년 8월 17일 〈중앙일보〉 '분수대' 칼럼은 〈헌법 위의 국민정서법〉이라는 제목으로 이 현상을 지적했다. 특히 "법치주의가 자리 잡지 못한 사회에서 국민정서가 법의 자리를 대신하는 것은 민주주의의 후퇴"라고 경고한 대목은 지금도 유효하다.

일부 재벌 총수나 정치인, 유명 인사들이 '국민정서'에 따라 실형 등 유죄를 선고받았다가, 몇 년 후 역시 '국민정서'를 이유로 사면되는 모순적인 사례도 반복되고 있다. 이처럼 국민정서는 때로는 정의 실현의 촉진제가 되지만, 이와 동시에 법의 형평성과 독립성을 위협하는 요인이 되기도 한다.

개인과 기업도 국민정서의 파장을 결코 피할 수 없다. '땅콩 회항', '라면 상무', '장지갑 폭행', '대리점주 폭언', '편의점주 자살', '정치 대변인 성추행' 등 이른바 '갑을' 또는 '상하' 문제로 사회적 논란이 일었던 사건들을 떠올려보자. 이들은 SNS와 디지털 미디어를 통해 빠르게 확산된 이슈들이 국민정서에 어떻게 영향을 미치며 그 국민정서가 관련 인물들의 평판에 얼마나 큰 영향력을 발휘하는지를 잘 보여준다.

2014년 문제가 됐던 K사의 항공기 회항 사건은 경영진의 부적절한 행동이 국민정서를 자극해 기업 이미지에 심각한 타격을 준 대표적 사례다. 당시 부사장은 기내 서비스 방식에 불만을 품고 이륙 준비 중인 항공기를 탑승구로 되돌리게 했는데, 이 사건은 '재벌 2세 갑질' 논란으로 비화돼 국민정서를 강하게 자극했고, 회사의 기업 이미지와 주가에 큰 타격을 줬다.

N유업 대리점 갑질 사건 역시 대리점주에 대한 폭언 녹취록이 공개되자 국민정서가 격렬히 반응하면서 불매운동이 확산됐고, 기업 이미지와 매출에 심각한 타격을 입었다.

위기의 시작이자 끝, 국민정서

국민정서에는 두 얼굴이 있다. 양날의 칼이라고 해도 과언이 아니다. 긍정적인 측면에서 국민의 눈높이로 표현된다. 하지만 다른 측면에서는 '떼법', 즉 떼를 쓰면 된다는 부정적인 의미로 사용되기도 한다.

국민정서와 여론은 정부나 정치권, 기업과 기관이 국민이나 소비자의 의사를 반영한 정책과 결정을 내리는 데 중요한 역할을 한다. 이는 민주주의의 근간이 되는 요소로서, 국민의 목소리가 반영된다는 점에서 긍정적이다. 또한, 국민정서와 여론은 기업이나 공공기관이 사회적 책임을 다하도록 압력을 가하는 역할을 하기도 한다. 이를 통해 부정행위나 비윤리적 행위에 대한 감시가 강화된다.

국민정서는 사회적 변화와 법 개정에 긍정적인 영향을 미치기도 한다. 2018년 발생한 '윤창호 사건'은 음주운전 처벌 강화에 대한 국민적 요구를 불러일으켰고, 이는 '윤창호법'이라는 법 제정으로 이어졌다. 음주운전으로 인명 피해를 낸 운전자에 대한 처벌 수위를 높이고, 혈중알코올농도 기준을 0.03%로 조정하는 등 음주운전 관련 처벌을 대폭 강화했다. 2019년 아동 성폭력범 조두순의 출소를 앞두고 국민적 분노가 커지자, 국회는 2020년 12월 '전자 장치 부착 등에 관한 법률' 개정안을 통과시켜 성범죄자의 전자 장치 부착 기간을 최대 30년으로 연장했다.

2019년 발생한 텔레그램 'N번방 사건' 역시 국민적 공분을 불러일으켰다. 이는 디지털 성범죄 처벌 강화 및 관련 법 개정, 그리고 2020년 12월 대법원 양형위원회의 디지털 성범죄 양형 기준안 의결로 이어졌다. 2020년에는 스쿨존 내에서 발생한 교통사고로 어린이가 사망한 사건을 계기로 '민식이법'이 시행되어, 어린이 보호구역 내 안전 의무를 강화하고 사고 시 가중처벌하는 내용이 도입됐다. 이처럼 국민정서는 법체계에 직접적인 변화를 가져오는 긍정적인 역할을 한다고 볼 수 있다.

그러나 국민정서에 기반한 즉각적인 법 개정이 부작용을 초래할 수 있다는 우려도 있다. 국민정서는 상식적이면서도 즉각적이고 가변적이기 때문에, 일시적인 반응에 따라 제정·개정된 법이 형벌 체계의 균형을 흔들 수 있다는 의견이다. 하버드 로스쿨의 캐스 선스타인 교수는 《Laws of Fear: Beyond the Precautionary Principle(두려움의 법: 사전 예방 원칙을 넘어서)》(2005)에서 감정에 기반한 법률 제정의 위험성을 경고했다. 그는 "공포와 분노에 기반한 법률은 종종 비합리적이고 불균형적인 결과를 가져온다"라고 주장했다.

예를 들어, '민식이법'은 어린이 보호구역에서의 교통사고에 대한 처벌을 강화했지만, 과실에 의한 교통사고에도 3년 이상의 징역형이 선고될 수 있어 기존 형법과의 형평성 문제에 대한 법조계의 비판이 제기되었다.

또한, 국민정서에 따른 감정적 판단은 법의 공정성을 위협할 수 있다는 우려도 있다. 미투 운동이 한창일 당시, 성희롱이나 성폭력 의혹이 제기된 인물들이 법적 판단 이전에 사회적 지탄을 받으며 자기 자리에서 물러나야 했던 일이 여러 차례 있었다.

이처럼 국민정서는 법 제도에 긍정적 변화를 이끌어내는 한편, 신중한 검토 없이 감정에 따라 급하게 제정된 법이 형벌 체계의 균형이나 법의 공정성을 해치는 부작용도 있다. 따라서 이 두 가지 측면이 함께 고려해야 한다.

정치인의 도구가 된 국민정서

정치인들에게 국민정서는 '모든 것'이라 해도 과언이 아니다. 그들은 국민정서에 웃고 국민정서에 운다. 그들은 또 국민정서를 활용하는 데 능숙하다. 선거철이 되면 특정 사안을 왜곡하거나 감정을 부추겨 정치적 이익을 얻는 사례가 빈번하다.

스탠퍼드대학의 정치학자 프랜시스 후쿠야마는 《존중받지 못하는 자들을 위한 정치학》에서 현대 정치에서 국민감정이 어떻게 정치적으로 활용되는지 분석했다. 그는 정치인들이 국민의 분노와 두려움을 자극하여 이를 정치적 지지로 전환시키는 현상이 전 세계적으로 증가하고 있다고 지적했다.

고대 로마 시대의 '빵과 서커스' 전략이 오늘날에도 여전히 유효하다는 점은 흥미롭다. '빵과 서커스 전략'은 고대 로마 시대에서 유래한 개념으로, 대중이 정치나 사회 문제에 관심을 갖지 못하도록 먹을 것(빵)과 오락(서커스)을 제공해 환심을 사는 정치 기술을 의미한다. 이 용어는 로마 시인 유베날리스의 풍자시에 처음 등장하는데, 당시 로마 황제들은 시민들이 정치에 불만을 품지 않도록 무료 곡물과 검투사 경기, 전차 경주 같은 대중오락을 제공하여 민심을 달래고 지배를 유지하려 했다는 것이다.

오늘날에도 복지 정책이나 스포츠 이벤트, 연예계 이슈를 이용해 국민정서를 조작하려는 정치적 전략이 계속되고 있다. 선거철만 되면, 또는 국민 불만이 커질 때면 다양한 복지 정책이나 스포츠 이벤트, 연예계 이슈를 내놓는 것을 두고 '빵과 서커스 전략'이 작동하는 것 아니냐는 분석이 나오는 것도 이 때문이다.

국민정서의 매개체: 미디어와 SNS

국민정서의 형성과 확산에는 미디어와 SNS가 중요한 역할을 한다. SNS의 발달로 특정 이슈에 대한 국민 여론이 더욱 활발하게 형성돼 입법 절차는 물론 기업 활동이나 개인의 판단에 점점 더 큰 영향을 끼치는 상황이다. 이러한 환경에서 가짜 뉴스와 편향된 정보가 기승을 부리기 쉽다. 이는 국민정서에 부정적인 영향을 미치고,

기업과 개인에게 위기 요인으로 작용할 수 있다. '마녀사냥'이란 말이 나오는 것도 이런 맥락에서다.

미국 MIT 미디어랩과 슬론 경영대학원의 연구 결과에 따르면, 소셜 미디어에서 거짓 정보는 진실보다 빠르게 확산되며, 특히 감정을 자극하는 내용일수록 더 빨리 퍼질 수 있다고 한다. 다른 전문가 조사에서도 SNS 사용자의 상당수가 정보의 사실 여부를 확인하지 않고 공유한 경험이 있다고 응답한 결과가 있다. 영국 옥스퍼드대학 인터넷 연구소는 "소셜 미디어가 대중의 감정을 증폭시키고 양극화를 심화시킬 수 있다"라고 경고했다. 이는 국민정서가 이성적 판단보다 감정적 반응에 의해 좌우될 가능성이 커졌음을 시사한다.

What to do

☑ **국민정서는 변수가 아니라 상수다.**

　정부·기업·조직은 물론 개인에게도 '국민정서'는 이제 피할 수 없는 현실이며 강력한 영향력을 지닌 존재다. 국민정서는 더 이상 상황에 따라 변동하는 '변수'가 아니라, 모든 위기관리와 의사결정에서 반드시 고려해야 할 '상수'다.

　어떤 판단이나 행동을 내리기 전에 국민정서가 어떻게 반응할지 미리 읽고 대비하지 않는다면, 그 결과는 돌이킬 수 없는 평판위기로 이어질 수 있다.

☑ **여론은 흔들려도 법은 흔들려선 안 된다.**

　한국의 현주소는 어디서부터 손을 대야 할지 모를 정도로 복잡하게 꼬여 있는 것이 사실이다. 특히 여론이 법보다 앞서는 현실은 결코 가볍게 볼 수 없다. 문제는 이런 구조가 단기간에 해결되기 어렵다는 데 있다. 결국, 조직과 기업은 위기를 자초하지 않도록 예방에 집중하고, 동시에 위기대응 역량을 계속 강화할 수밖에 없다.

　무엇보다 법조계마저 이념이나 정치 논리에 흔들리는 일은 반드시 막아야 한다. 국민정서가 사법 판단의 공정성을 위협하는 상황은, 민주주의의 근간을 뒤흔드는 위험한 결과를 초래한다. 중국의 법가 사상을 집대성한 고전 《한비자》에는 "법의 도리는 처음에는 고생스럽지만 나중에는 오래도록 이롭다(法之爲道 前苦而長利, 법지위도 전고이장리)"라는 문장이 나온다. 이 구절은 현대 한국 사회에 중요한 시사점을 던진다. 법은 즉흥적인 감정보다 느리고 불편할 수 있지만, 그 엄정함이 결국은 사회를 지탱하는 기둥이 된다.

☑ 감정에 앞서 정보를 바로 보는 교육이 필요하다.

현대 사회에서 '국민정서'가 위기를 증폭시키는 이유 중 하나는 정확한 정보보다 자극적인 감정에 쉽게 반응하는 환경 때문이다. 가짜 뉴스, 편향된 정보, 선동적 콘텐츠가 SNS를 통해 순식간에 퍼지면서 사람들은 사실보다 분위기에 더 쉽게 휘둘린다.

따라서 지금 가장 시급한 과제 중 하나는 미디어 리터러시 교육의 강화다. 즉, 국민이 정보의 진위를 판단하고, 감정적인 반응 대신 사실 기반의 판단을 할 수 있도록 돕는 교육 체계가 필요하다.

이와 관련해 스웨덴을 포함한 북유럽 국가들은 좋은 선례를 보여주었다. 스웨덴은 초등학교 저학년부터 '미디어 분석'과 '디지털 시민 교육'을 커리큘럼에 포함시키고 있으며, '비판적 사고'와 '정보 검증' 능력을 사회 전체의 기본 교육으로 삼고 있다.

이러한 교육은 단순한 정보 해석 능력을 넘어, 건강한 공론장의 유지와 집단 감정의 균형을 가능케 한다.

3장

위기관리 시스템을 구축하라

위기관리는
OX 문제 풀이가 아니다

최고를 기대하되, 최악을 대비하고, 뜻밖의 상황에도 준비하라.
-데니스 웨이틀리(미국의 동기 부여 연설가, 작가)

작은 불씨에서 시작된 총체적 위기

한 기업이나 조직의 평판이 무너지는 데는 단 몇 시간, 며칠이면 충분하다. 수십 년 동안 쌓아온 신뢰가 한순간에 무너질 수 있다. 그렇기에 현대 기업 환경에서 평판위기 관리가 그 무엇보다 중요한 과제다.

"도대체 홍보팀은 뭘 하는 겁니까? 이런 기사 하나도 못 막고…"
A그룹의 긴급 사장단 회의. 싸늘한 공기가 맴돌았고, 모든 시선은 대관·홍보 담당 임원 K 씨에게 꽂혔다. 회의실의 분위기는 분명했다.
"비싼 돈 들여가며 광고하고 협찬도 했는데, 고작 이런 기사 하나 못

막았느냐"는 무언의 압박이 K 씨를 짓눌렀다. 그리고 몇 달 후, 그는 조용히 자리에서 물러났다. 명백한 문책성 인사였다. 하지만 과연, 책임의 화살은 올바른 방향을 향했던 걸까?

A그룹이 평판위기에 휘말리게 된 발단은, 그야말로 '가십'에 불과한 것으로 여겨지는 오너 회장의 사생활과 관련된 인터넷 기사 한 줄이었다. 하지만 그 작은 불씨는 걷잡을 수 없이 번져 나갔다. 경쟁 매체들이 앞다투어 취재에 뛰어들었고, 수면 아래 잠자던 문제들이 하나둘씩 세상에 드러났다. 간단한 루머는 실체 있는 의혹으로 몸집을 불렸고, 여성단체 등 시민단체가 들고 일어났다. 노동조합은 성명을 발표했고, SNS는 비난 여론으로 들끓었다. 고소와 고발이 잇따랐고, 내부 제보까지 나오면서 경찰 수사가 시작됐다. 급기야 세무 당국, 금융 당국, 공정거래위원회까지 줄줄이 개입하면서 사태는 걷잡을 수 없이 커졌다. 바로 그 시점에 긴급 사장단 회의가 열렸다.

하지만 문제의 본질은 뒷전이었다. 돌이켜보면 위기의 근본 원인은 특정 부서의 단순한 실수가 아니었다. 오랫동안 내부적으로 쌓여왔던 문제들이 마침내 터져버린 것이었다. 하지만 회사 내부에서는 '언론 대응 실패'만이 모든 문제의 원인인 것처럼 몰아갔다. 그 회의는 사태의 근본 원인이나 본질을 찾고 해결책을 모색하는 자리가 아니라, 홍보팀에 책임을 떠넘기기 위한 자리였다.

책임을 묻는 대상이 틀렸다

이런 장면은 A그룹만의 이야기가 아니다. 많은 기업이나 조직에서 문제가 터지면 초기 반응은 대개 비슷하다. "이런 게 기사화되지 않도록 미리 막았어야지!", "이미 터진 것이라면, 최소한 확산은 막았어야 하는 거 아니야?"

하지만 과연 그것이 근본적인 해결책이 될 수 있을까? 언론의 입을 틀어막는 것이 정말 가능한 일인가? 설령 한 번은 비판의 수위를 낮추는 데 성공한다 해도 사건의 본질적인 문제가 사라지지 않는다면 그것을 해결이라고 부를 수 있을까?

최근 들어 기업이나 조직들이 언론을 통제하는 것은 어렵고, 설령 막는다 해도 문제가 해결되는 것은 아니다는 사실을 조금씩 깨닫고 있는 분위기다. 하지만 아직도 많은 사람이 예전의 낡은 사고방식에서 벗어나지 못하고 있다. 그리고 이런 조직에서는 비슷한 위기가 끊임없이 되풀이된다.

그런데 비슷한 상황에서 A그룹과는 다른 접근을 한 사례가 있다. K그룹의 지방 주력 공장에서 큰 사고가 발생했을 때였다. 언론은 연일 이 사실을 대서특필했고, 회사 내부 분위기는 얼어붙었다. 당연히 회의에서는 A그룹과 유사한 상황이 연출되었다. "왜 언론 보도를 막지 못하느냐"라는 질책이 쏟아졌다.

그때, 회장이 침묵을 깨고 한마디 던졌다. "사고가 나지 않도록

해야지, 터진 사고를 왜 보도하느냐고 따지는 건 어리석은 짓 아닌가." 회장은 말을 이어갔다. "기사는 결과일 뿐이야. 우리가 해결해야 하는 문제는 '보도'가 아니라 '사건' 그 자체이다." 그 순간, 회의실 분위기는 180도 바뀌었다. 책임 추궁이나 질책 대신 본질적인 문제 해결 방안을 논의하는 건설적인 대화가 시작됐다.

왜 사건이 외부로 흘러나가게 방치했느냐고 질책하는 것은, 병의 근본 원인을 찾지 않고 "왜 피부에 증상이 나타났느냐"고 따지는 것과 같다. 핵심은 '사건 자체를 예방'하는 것이지, 사건이 표면화되는 걸 막는 것이 아니다.

물론 터진 위기에 대한 원인 분석이나 신속한 대응이 중요하지만, 특정 부서나 특정인을 질책한다고 해서 근본적인 해결이 되지 않는다. 위기는 언론 보도가 아닌 사건 자체에서 비롯되며, 언론은 단지 그 현실을 비추는 거울과 같기 때문이다.

위기관리에 정답은 없지만 원칙은 있다

위기관리에는 절대적인 '정답'이 없다. 다만 반드시 지켜야 할 원칙들은 분명히 존재한다. 많은 사람이 위기관리를 쉽게 논하지만, 실제 환경에서는 '정해진 모범 답안'이 존재하지 않는다. 만약 누구에게나 적용될 수 있는 간단한 해결책이 있다면, 애초에 그것을 '위기'라고 부르지 않을 것이다.

정치가 생물과 같이 끊임없이 변화한다면, 위기 또한 생물처럼 복잡하고 예측 불가능하게 전개된다. 위기의 유형, 진행 속도, 확산 경로는 모두 다르기에 위기관리에 단일 해답은 없다.

사전 예방을 철저히 한다고 해도, 예측할 수 없는 위기는 언제든 발생할 수 있다. 따라서 치밀한 대비만큼이나 '이미 터진 위기를 어떻게 관리하고, 피해를 최소화하는지'가 중요하다.

어떤 방식으로 대응하느냐에 따라 그 결과는 크게 달라질 수 있다. 위험 관리가 사전 예방을 중심으로 한다면, 위기관리는 이미 발생한 위기의 파장과 후유증을 최소화하려는 일련의 과정이다. 비록 위기 상황에 대한 정답은 없지만, 반드시 따라야 할 핵심 원칙과 절차는 다음과 같다.

1. 최악의 상황까지 상정한 종합 시나리오와 실행 계획 수립

가능한 모든 시나리오를 미리 그려보고, 각각에 맞는 구체적 실행 계획을 마련해야 한다. 시나리오 없는 대응은 지도 없이 사막을 횡단하는 것과 같다.

2. 초기 판단 및 우선순위 설정

위기의 유형, 영향 범위, 동원 가능한 자원 등을 입체적으로 분석하고 실현 가능성과 긴급성에 따라 우선순위를 결정해야 한다.

즉시 필요한 부분과 실행 가능한 조치부터 신속하게 착수하는 것이 핵심이다.

3. 상황 파악 및 정보 수집

현장 정보는 물론, 언론 보도와 SNS 확산을 실시간 모니터링한다. 클릭 수, 확산 속도, 패턴 등 각종 데이터도 분석한다. 이를 전략과 실행에 수시로 반영한다.

4. 비상 체제의 신속한 가동

매뉴얼과 절차에 따라 대응에 착수하되, 가능하면 컨트롤 타워를 중심으로 진행한다.

5. 급한 불 끄기

가장 급한 것은 언론 대응이다. 준비된 보도자료와 Q&A 등으로 소통을 시작한다. 사과문을 준비하고 효과적인 방법으로 진정성 있는 커뮤니케이션에 나선다.

6. 종합 위기 대응 시스템 본격 가동

언론, 시민단체, 정·관계, 사법기관, 소비자, 주주, 내부 직원 등 모든 이해관계자를 대상으로 본격적인 대응에 나선다. 압수수색 등 수사에 대비하는 대응책도 수립하고 실행한다.

위기 대응 메커니즘

법적 대응은 기본

시나리오 수립
- 최악 상황 상정한 종합 시뮬레이션
- 시나리오별 필요 인력과 내·외부 네트워크 등

우선순위 설정
- 위기 성격과 종류, 영향력
- 동원 가능한 역량 분석해서 우선순위 결정

FACT, 정보수집
- 직접 정보, 언론 동향/SNS 모니터링 병행
- 클릭 수, 패턴, 내용, 확산 추이, 속도 등

비상 체제 긴급가동
- 매뉴얼과 절차에 따라서
- 컨트롤 타워 중심

사안의 중요성 판단
- 내부 조직 대처 또는 외부 전문가 도움
- 외부 크로스 체크 권고

급한 불부터 끄기
- 언론 대응반 가동
- 보도자료, Q&A, 논리와 메세지, 명분과 스토리

위기 대응 시스템 본격 가동
- 언론/시민단체/정치권/정부/경찰/검찰 동향 소비자/주주/투자자 반응
  * 정보 수집과 종합 판단, 대응책 수립 및 시행
- 압수수색, 경·검찰 조사 대응 준비 (역할 분명히)

브랜드 파워 제고
위기 단계 넘긴 후 바로 시행
때로는 동시에…

7. 사후 관리 및 브랜드 파워 회복

위기 단계를 넘긴 후에는 즉각 브랜드 파워 제고 작업에 나선다. 필요하면 위기 대응 작업과 동시에 시작할 수도 있다.

존슨앤드존슨의 '타이레놀 독극물 사건' 대응은 기업 위기관리 측면에서 가장 모범적인 사례로 손꼽힌다. 이것은 과감하면서도 체

계적이고 종합적인 전략과 실천의 결과였다.

　1982년 미국 시카고 일대에서 외부인이 유통 중인 타이레놀 캡슐에 사이안화칼륨을 넣는 흉악한 범죄가 발생했으며, 이 때문에 7명이 사망했다. 존슨앤드존슨은 즉각 자사의 위기관리 시스템을 가동하고 회사의 자원을 총동원했다. CEO가 직접 위기 대응의 컨트롤 타워 역할을 맡고, 부서별로 역할을 분담하고 실시간으로 정보를 공유하며 신속하게 의사결정이 이뤄질 수 있도록 했다.

　회사는 문제가 된 제품뿐 아니라, 모든 타이레놀 제품을 선제적으로 리콜했다. CEO가 언론과 대중 앞에서 투명하게 상황을 설명하고, 소비자 안전을 최우선으로 내세우며 믿음을 회복했다. 아울러 업계 최초로 삼중 안전 포장 시스템을 도입해 제품의 안전 기준을 획기적으로 높였다. 이러한 신속하고 책임감 있는 조치, 투명한 커뮤니케이션, 소비자 보호 원칙 덕분에 존슨앤드존슨은 평판 회복에 성공했고, 얼마 지나지 않아 타이레놀의 시장 점유율 역시 회복되었다.

What to do

☑ **정답보다 최적의 방안을 찾아라.**

위기관리는 단순한 '정답 찾기'가 아니라, 지속적인 분석과 조정의 과정이다. 위기 상황에서 한 번에 모든 문제를 해결하겠다는 과욕을 부리면 사태를 더 꼬이게 할 수도 있다. 핵심은 최적의 선택을 위한 준비와 대응 역량이다. 표준 매뉴얼은 방향 제시일 뿐, 실제 상황에서는 각 상황에 맞게 유연하게 대처하는 것이 성공의 열쇠다.

위기 대응 시나리오는, 가능하면 최악의 상황까지 상정해 다소 과하다 싶을 정도로 준비하는 것이 바람직하다. 실제 실행은 사안에 따라 신속히 조정하면 된다. 닭 잡는 데 소 잡는 칼을 남용할 필요는 없지만, 반대로 소를 잡는 데 닭 잡는 도구를 쓰면 제대로 작업하지 못하는 것과 마찬가지이다.

☑ **기획의 시작부터 위기관리를 결합**

한국 기업은 여전히 커뮤니케이션 과정을 제품이나 서비스의 생산과 출시 이후로 두는 경향이 있다. 보안 등의 이유도 있지만, 아직 인식이 덜 미치는 부분도 있다. 반면 글로벌 기업들은 제품과 서비스의 기획 초기부터 커뮤니케이션 및 법무 검토를 병행한다. 이는 소비자 이슈, 법적 문제, 커뮤니케이션 전략을 종합적으로 검증한 후 진행하는 방식이다.

P&G는 'SIMPL™(Successful Initiative Management and Product Launch)'라는 단계별 검토 프로세스를 운영한다. 아이디어 단계부터 출시와 사후 관리까지 단계별로 위험 평가와 검증을 한다.

컨트롤 타워는 필수

어느 항구를 향해 항해할지 모르는 자에게는
어떤 바람도 유리하지 않다.
-세네카,《도덕에 관한 서신》

같은 상황, 다른 대처

A그룹과 B그룹, 두 거대 기업에 비슷한 시기, 유사한 성격의 초대형 위기가 닥쳤다. 오너의 도덕성과 법적 리스크를 함께 수반하는, 그룹 차원에서 심각한 충격이 불가피한 초대형 사건이었다. 언론이 전방위 취재에 나섰고, 시민단체도 일어섰다. 경찰·검찰이 관심을 보였고, 행정부 관련 부처와 정치권도 움직이기 시작했다. 한마디로 평판위기의 모든 요소가 한꺼번에 터진 최악의 상황이었다.

양측 모두 위기 극복에 모든 역량을 쏟아부었다. 법무·홍보·대관·전략팀 등이 총동원되었고, 국내 최고 수준의 로펌과 PR 회사,

컨설팅사를 영입했다. 또한, 정치권, 행정부, 사정 기관을 상대로 전방위적으로 접촉했으며, 언론을 움직이기 위해 막대한 자원을 투입했다.

몇 달의 시간이 지난 후 결과는 극명히 갈렸다. A그룹은 위기를 비교적 성공적으로 방어하며 조직을 빠르게 정상 궤도에 되돌려놓았다. 내부적으로도 외부적으로도 "이 정도면 잘 막았다"라는 평가가 뒤따랐다.

반면 B그룹은 심각한 실패를 맛봤다. 언론은 연일 비판 보도를 쏟아냈고, 주가는 하락했으며, 소비자들의 신뢰는 산산이 부서졌다. 내부에서는 "우리가 이 정도까지 몰릴 줄은 몰랐다"라는 자조적인 목소리가 흘러나왔다.

양쪽 모두 비슷한 규모의 자원을 투입했음에도 불구하고, 왜 이처럼 다른 결과가 나타났을까?

옳은 주장이 충돌할 때 조직은 표류한다

위기가 발생할 때 전문가들이 가장 먼저 던지는 질문이 몇 가지 있나.

- 과거에 회사나 개인이 이와 유사한 위기를 경험한 적이 있는가?

- 있다면 당시의 대응 경험이 조직 내부에 축적되어 있는가?
- 이런 자원을 통합적으로 설계하고 조율할 컨트롤 타워가 있는가?

그중 가장 중요한 것이 바로 컨트롤 타워의 유무이다. 여러 전문 기관들이 컨트롤 타워의 중요성을 끊임없이 강조한다. 보스턴컨설팅그룹과 같은 세계적 컨설팅 기관들은 보고서를 통해 '컨트롤 타워' 모델이 위기 상황에서 조직 내 다양한 기능을 통합·조율해 전략의 일관성과 실행력을 높이는 데 효과적임을 역설하고 있다.

컨트롤 타워는 단순한 위기관리팀의 존재를 넘어 모든 부서의 의견과 정보를 취합하고 일관된 방향으로 조직을 이끌어갈 수 있는 리더십 체계를 의미한다.

위기 상황이 발생하면 조직의 구성원들은 각자 자신의 입장에서 최선이라고 생각하는 의견을 제시한다. 예를 들어, 법무팀은 "원칙대로 가자. 불필요한 양보는 나중 법적 분쟁 때 불리하다"고 주장하고, 홍보팀은 "여론이 중요하다. 감성적인 접근을 통해 부정적인 분위기를 전환해야 한다"는 의견을 제시하며, 대관팀은 "정치권 및 정부와의 관계를 고려하여 협상에 집중해야 한다"라고 말한다. 또 전략과 자금, 기획 등 다른 파트는 "시간이 지나면 수그러들 것"이라고 강조하는 등 각자 다양한 의견을 제시한다. 법무는 원칙을, 홍보는 감성을, 대관은 정치적 현실을, 전략팀은 장기적인 명분을 각각 강조하는 게 일반적이다.

여론의 창구인 언론을 대하는 태도에서도 부서별로 극명한 차이가 드러난다 난다. 법무 부서는 정보 보안을 최우선으로 여기며 언론에 최소한의 자료만 주자는 의견인 반면, 홍보 부서는 결정적인 보안 사항이 아니라면 적극적으로 정보를 공개하여 여론을 유리한 쪽으로 이끌자고 한다. 대관 혹은 다른 조직도 각자의 입장에서 다른 의견을 내놓는다. 원칙론과 현실론이 첨예하게 충돌하는 순간이다.

이들의 주장은 모두 나름의 논리와 근거를 가지고 있으며, 각자의 위치에서 최선을 다하려는 노력의 결과이기는 하다. 하지만 문제는 이처럼 모두가 동시에 '옳은 이야기'를 내놓아 의견이 충돌할 때, 조직은 방향을 잃고 표류하기 쉽다는 점이다.

이러한 혼란을 극복하고 위기를 효과적으로 관리하기 위해 필요한 것이 바로 컨트롤 타워다. 컨트롤 타워는 조직 내 모든 정보와 의견을 수렴하고, 종합적으로 분석하여 최적의 판단을 내린다. 또한, 우선순위를 설정하고 시나리오별 대응 전략을 수립하여 조직이 '한목소리'로 움직이도록 조율하는 리더십이다.

이러한 결정은 특히 짧은 시간에 신속하게 이루어져야 하는 경우가 많다. 많은 전문가가 위기 상황에서 첫 24시간, 즉 '골든타임'이 전체 위기 대응의 성패를 좌우한다고 강조한다. 요즘은 이 시간이 더 짧아지는 추세다. 이 짧은 시간 동안 내려지는 결정들이 이후 위기의 전개 방향을 결정짓기 때문이다. 컨트롤 타워의 부재는 이 귀중한 골든타임을 낭비하게 만든다. 그런 만큼 경륜 있는 컨트롤 타워의 역할은 위기일수록 결정적이다.

2016년 갤럭시 노트 7 발화 사건 당시 삼성전자의 전략적 대응은 효과적인 컨트롤 타워의 중요성을 보여주는 대표적인 사례로 꼽힌다. 사태 초기에는 결함 원인을 파악하고 밝히는 데 혼선과 지연이 생겨 비판을 받았다. 그러나 고동진 당시 무선사업부 사장을 중심으로 위기관리 조직을 신속히 구축해, 글로벌 리콜과 생산 중단이라는 과감한 결정을 내렸다. 이 과정에서 7조 원 이상의 손실이 발생했지만, 삼성전자는 각국 정부 기관과 협조하며 투명한 정보 공개와 일관된 메시지 전달에 주력했다. 이러한 위기관리 방식은 장기적인 신뢰 하락을 방지하는 데 긍정적으로 작용했다는 평가를 받는다.

위기 상황에서 제대로 된 리더십, 즉 컨트롤 타워가 없다는 것은 각 부서가 방향성을 잃고 제각각 움직인다는 의미다. 일이 제대로 풀리지 않으면 사람들은 책임을 회피하고, 필요한 정보는 숨겨지며, 과잉 대응과 소극적인 방관이 뒤섞인다. 이 과정에서 '위기'는 걷잡을 수 없는 '재앙'으로 확대된다.

같은 위기, 다른 결과의 원인은 컨트롤 타워의 유무

앞서 언급한 A그룹과 B그룹이 위기 상황 이후 정반대의 결과를 맞이한 결정적인 차이 역시 바로 이 컨트롤 타워의 존재 유무였다. 두 그룹 모두 유사한 경험과 자원을 갖고 있었지만, A그룹에는 위기 대응을 총괄하며 전략을 설계하고 내부 이견을 조율하는 사령탑이 있었던 반면 B그룹에는 그런 역할을 맡은 주체가 명확하지 않았다.

A그룹은 컨트롤 타워가 모든 정보를 수집하고, 각 부서의 역할을 명확히 정의하며, 정기적인 사내 회의를 통해 정보를 공유하고 빠른 의사결정을 내렸다. 핵심 사안은 컨트롤 타워를 중심으로 조율되었고, 이러한 결정은 조직 전체에 신속하고 일관되게 전달되었다. 그 결과 A그룹은 피해를 최소화하며 짧은 기간 내에 위기를 상대적으로 잘 수습할 수 있었다.

반면, B그룹은 위기 대응 과정에서 내부 분열 양상이 나타났다. 겉으로는 하나의 팀이었지만, 실제로는 부서 간 신뢰 부족과 정보 단절이 발생했다. 일부는 책임 회피에 급급했고, 일부는 충분한 정보 없이 과잉 대응에 나서는 등 혼선이 커졌다. 특히 전체를 총괄하며 조율하는 기능이 부재한 점이 문제로 지적되었다. 결과적으로 B그룹은 각 부서가 독자적으로 움직이는 '각자도생'에 가까운 구조로 흘러갔고, 상황은 악화되었다.

그룹의 대외 입장문 발표에서도 두 그룹의 대응은 큰 차이를 보였다. A그룹은 홍보팀 주도로 일관된 메시지를 빠르게 전달한 반면, B그룹은 홍보팀과 법무팀 간 메시지가 달라서 혼선을 빚었다.

이는 외부 신뢰도에 부정적 영향을 끼쳤고, 결과적으로 대응의 중심을 잡지 못한 채 위기를 장기화시키는 원인이 되었다.

거대 기업조차 위기가 닥치면 혼란에 빠지고 어려움을 겪는데, 자원이 열악한 중견·중소기업의 처지는 더 말할 필요도 없다. 상대적으로 규모가 작은 조직에서는 위기 대응이 전문성이나 시스템보다는 오너나 의사결정권자의 직관 등 개인적인 판단에 의존하는 경우가 많다. "조용히 덮고 넘어가자.", "언론에 알려지면 일이 더 커진다.", "우리 책임이 아니다." 등과 같은 방향으로 결정하고 싶은 유혹에 빠지기 쉽다.

설사 중간 관리자들에게 다른 의견이 있다 해도 적극적으로 개진하기 쉽지 않다. 우선 자신부터 전문성이 부족한 데다, 현실론과 원칙론, 강경론과 유화론이 충돌할 때 통상 원칙론이 더 힘을 받기 쉽다. 뾰쪽한 해결책이 있는 경우가 아니면 나설 이유도 없다. 섣불리 나섰다가 나중에 책임만 뒤집어쓸 수 있기에, 모른 체하기 십상이다.

실제로 국내 기업 위기관리 과정에서 '침묵의 문화'가 의사결정의 주요 장애물로 작용한다는 지적이 많다. 상명하복 조직 문화와 책임 회피 성향이 결합되어 위기 상황에서 필요한 정보와 다양한 의견이 제대로 공유되지 않는 현상이 국내 기업의 위기관리 역량을 저해하는 주요 원인으로 분석된다.

What to do

☑ **컨트롤 타워를 키워라.**

　우선 임직원들을 대상으로 다양한 교육 기회를 제공하는 실천이 중요하다. 관심과 능력이 있는 사람을 뽑아 폭넓은 교육의 기회를 제공하는 것이다. 뜻만 있으면 큰돈 들이지 않고도 외부에서 그런 기회를 찾을 수 있다.

　이와 동시에, 오너 혹은 의사결정권자가 컨트롤 타워로서의 역할을 할 수 있도록 꾸준히 경험을 쌓을 필요가 있다. 조직이 커지면, 미래를 대비하는 차원에서 이러한 노력은 필수적이다.

　위기 시나리오에 대한 대응 훈련을 정기적으로 실시해야 한다. 훈련 과정에서 컨트롤 타워를 중심으로 각 팀과 개인의 역할, 절차와 방식을 명확하게 설정해야 한다. 특히 위기 상황 발생 시 누가, 어떤 정보를, 어떤 방식으로 공유할지에 대한 명확한 프로토콜을 수립해야 한다. 최소한 1년에 두 번 전사적인 위기 대응 시뮬레이션을 통해 그 효과를 검증하는 것이 효과적이다.

☑ **CEO의 역량을 키워라: 듣는 귀와 받아들이는 그릇**

　위기관리에서 가장 중요한 것 중 하나는 전문가의 말을 제때, 제대로 듣고 수용할 수 있는 의사결정권자의 태도와 역량이다. CEO나 최종 의사결정권자가 고집을 부리면 아무리 뛰어난 조언도 무용지물이다. 들을 귀가 닫혀 있으면 소음일 뿐이다.

　위기를 흡수하고 돌파하는 결정권은 결국 리더의 수용성과 개방성에 달려 있다. 스펀지가 물을 얼마나 흡수하느냐가 그 크기에 의해 결정되는 것처럼 CEO가 그릇을 키우는 것이 위기관리의 선행조건이다.

지휘부의 애매함이 위기를 부른다

명령이 분명하지 않으면 아랫사람이 따르지 않는다.
-《한비자》〈정법〉편

지시는 분명하게, 의중은 정확하게 파악하라

"그런 뜻이 아니었다.", "의도가 잘못 전달됐다." 문제가 터질 때마다 등장하는 단골 변명이다. 이는 비단 정치권만의 일이 아니다. 정부나 기업, 공공기관은 물론 심지어 친구 사이나 가족 간 대화에서도 이런 말을 흔히 들을 수 있다. 하지만 조직 내에서 이 말은 단순한 실수나 해명이 아닌 치명적인 위기의 출발점이 될 수 있다.

위기가 예측 불가능한 돌발 상황에서 비롯된다고 생각하는 사람이 많지만, 실상은 그렇지 않다. 조직 내 위기의 상당수는 '소통 실패', 특히 상급자의 지시가 모호하게 전달되어 오해를 낳고 그 오해가 실행으로 이어지는 과정에서 발생하며 사태를 악화시킨다. '설마 저렇게까지 했겠어?' 하고 여겼던 일들이 실제로 일어나고, 결국 조직 전체가 흔들리는 사태로 번지는 것이다.

NASA(미항공우주국)의 '화성기후궤도선' 진입 실패 사건은 우주 탐사 역사의 어두운 단면으로 남았다. 기술적 오류가 아닌 소통 실패로 인해 발생했기에 더욱 뼈아픈 사례가 되었다. 이 우주선은 록히드 마틴 항공우주가 설계·제작을 맡고, JPL(NASA 제트추진연구소)이 항법 계산과 궤도 조정을 담당하여 개발되었다. 1998년 12월 발사된 이 우주선은 약 9개월의 비행을 거쳐 1999년 9월, 화성 궤도 진입을 시도했으나, 예상과 달리 교신이 갑자기 끊기며 사라졌다.

이후 원인을 분석한 결과, 황당한 내막이 드러났다. 두 기관이 서로 다른 측정 단위를 사용했던 것이다. 록히드 마틴은 미국식 단위계인 '야드파운드법'을 사용해 힘을 파운드-초(秒)로 표기했으나, JPL은 국제단위계(SI)를 기준으로 뉴턴-초 단위를 사용하는 시스템을 운영했었다.

이 단위 차이를 변환하지 않은 채 데이터를 전달한 결과, 항법 시스템에 오차가 누적되었고, 궤도선은 계획보다 훨씬 낮은 고도로 화성 대기권에 진입해 소실된 것으로 추정된다.

이 사건은 고도의 기술력을 갖춘 조직일지라도 기본적인 단위 정합성 확보와 명확한 소통 체계를 갖추지 않으면 어처구니없는 실수를 저지를 수 있음을 보여주는 교훈으로 남았다.

마찬가지로 NASA의 또 다른 비극적인 사고인 챌린저호 폭발(1986)과 컬럼비아호 해체 사고(2003) 역시 단순한 기술 결함을 넘어, 내부 경고의 무시, 조직 문화의 문제, 팀 간 불완전한 의사소통이 복합적으로 작용해 발생한 참사였다. 이를 통해 우주 개발은 과학기술뿐 아니라 조직 운영과 커뮤니케이션의 정교함까지 요구된다는 점을 상기시켜 주었다.

어느 날 중견 그룹 A사의 투자 담당 임원 B 씨에게 계열사 CEO가 찾아와 사업 계획서를 한 장 건넸다. 그러고는 "회장님이 OK 하셨으니 그대로 추진하겠습니다"라고 말했다. B 씨는 뭔가 석연치 않다고 느꼈다. 자신이 보기에 해당 프로젝트는 그렇게 쉽게 진행될 성격의 것이 아니었다. 성공 가능성이 작아 보였고, 설령 한다고 해도 본사 차원의 심층적인 검토와 전략적인 논의 과정이 필수적이었다.

얼마 후 다른 자리에서 회장을 만난 B 씨는 조심스럽게 물었다. "그 프로젝트를 승인하셨다고 들었는데, 정말 그러셨나요?" 회장의 대답은 의외였다. "하라고 한 게 아니라 그냥 들었다는 뜻이었어." 회장은 계열사 대표가 새로운 프로젝트를 들고 와서 열정적으로 보고하는데, 그 자리에서 바로 뭐라고 할 수 없었다고 한다. 그 사안에 대해 깊게 알지 못하고, 열심히 하겠다고 하는데 바로 구체적으로 가부 의견을 내기가 어려워서 일단 "알았다"고 답했다는 것이다. 즉 '들었다', '보고 받았다'라는 의미였다.

그러나 보고를 한 계열사 CEO는 오너 회장의 이 말을 '승인'으로 받아들였다. 결국 이 프로젝트는 제대로 추진되지 못한 채 중도에 철회되었고, CEO는 '일을 그르친 사람'으로 낙인찍혔으며, 체면도 왕창 구겼다. 수억 원의 비용 손실도 감내해야 했다

모호한 피드백이 위기를 부른다

중견기업 K사는 해외 진출을 위한 글로벌 프로젝트에 대한 내부 검토를 진행 중이었다. 담당 간부가 어느 날 CEO가 참석한 티타임에서 중간 보고 형식으로 기획안의 취지를 간략하게 설명하자 CEO는 가볍게 "괜찮네"라고 말했다. 팀원들은 이 한마디를 '승인'으로 받아들이고 프로젝트를 실행에 착수했다.

하지만 몇 주 후 다시 관련 내용을 보고받은 CEO는 깜짝 놀라며 이렇게 말했다. "그건 아이디어 차원에서 좋다고 한 것이지, 정식 승인한 게 아니다."

이미 상당한 시간과 돈이 투입된 뒤였다. 이 사건 이후 팀 내부는 혼란에 빠졌고, CEO는 "왜 이런 사달이 났는지 모르겠다"라며 책임을 추궁했다. 그러나 상황은 명확했다. "괜찮네"라는 말이 승인인지, 단순한 호의적 평가인지 분간할 수 없도록 애매하게 커뮤니케이션한 리더의 책임이었다. 조직 내에서 상급자의 모호한 표현이

단순한 착오로 끝나지 않고 치명적인 위기로 발전하는 경우가 많다. 더 큰 문제는 이런 일이 한두 번으로 끝나지 않는다는 점이다.

F 금융 그룹의 G 부사장은 간부나 직원들이 직접 자신에게 결제를 받거나 보고하는 것을 극도로 꺼리는 인물이었다. 부하 직원이 보고서나 제안서를 들고 갔을 때 마음에 들지 않거나 시원찮으면 즉시 언성을 높이거나 노골적으로 면박을 주었다. 부하 직원들이 그에게 한 번 질문하면 짜증스러운 반응이 돌아왔고, 두 번 물으면 심한 경우 험한 소리까지 들어야 했다.

결국, 조직에는 '눈치로 판단하는 문화'가 만들어졌고, 직원들은 보고보다는 추측과 '감'에 의존하여 움직였다. 그 결과 실행 단계에서 오류가 반복되었고, 이로 인한 시간과 예산 낭비는 일상적인 일이 되었다. 문제는 여기서 멈추지 않았다. G 부사장은 일이 잘못되면 다시 부하 직원을 질책했다. "내가 언제 그렇게 하라고 했나?" 이러한 악순환 속에서 조직은 창의성과 실행력을 모두 잃어버렸다. 제대로 된 보고는 사라지고, 명확한 질문은 자취를 감추었으며, 결국에는 책임을 지는 사람조차 찾아보기 어려웠다.

평판은 외부가 아닌 내부에서부터 서서히 무너져 내린다. 하버드 비즈니스 스쿨의 에이미 에드먼슨 교수는 심리적 안정감이 부족한 조직은 학습과 혁신이 불가능하며 결국 경쟁력을 잃게 된다고 지적했다.

이중 지시는 조직을 망친다

지방의 제조업체 H사는 공동 대표 체제로 운영됐다. 문제는 두 대표의 경영 스타일이 극명하게 달랐다는 점이다. 한 명은 "알아서 해"라는 식의 방임형이었고, 다른 한 사람은 매우 꼼꼼하게 모든 일에 간섭하는 스타일이었다. 두 사람 간 의사소통도 원활하지 못했고, 간혹 이루어지는 대화조차 건성 건성인 경우가 많았다. 회사 규모가 크지 않다 보니 업무 분장 역시 명확하게 이루어지지 않았다.

그러다 보니 가장 큰 어려움을 겪는 것은 임직원들이었다. 어떤 날은 A 대표가 "진행하라"고 지시했지만, 다음 날 B대표가 "왜 이런 걸 이렇게 하느냐"라며 질책하는 상황이 빈번하게 발생했다. 직원들은 누구 지시를 따라야 할지 혼란스러웠다. 서로 다른 지시가 내려오면서 업무는 걷잡을 수 없이 꼬여갔다. 하지만 누구의 말을 따랐다고 다른 대표에게 솔직하게 이야기하는 것은 조직 내에서 '고자질'로 여겨질 수 있었기에 직원들은 속앓이만 할 뿐이었다. 결과적으로 조직 내부에 파벌이 형성되었고, 업무 효율성은 바닥을 쳤다. 결국, 회사는 경쟁력을 잃고 시장에서 점차 밀려났다.

이처럼 리더의 '분열된 메시지'는 조직을 내부에서부터 서서히 무너뜨리는 보이지 않는 독과 같다. 소통의 혼선이 반복되는 조직은 결국 평판을 잃고, 내부는 신뢰를 상실한다. 상급자의 의중을 제대로 파악하기 어려운 조직은 더 이상 조직이라고 부르기 어렵다.

패트릭 렌시오니의 저서 《탁월한 조직이 빠지기 쉬운 5가지 함정》(2002)은 조직 내 성과 저해 요인 중 하나로 불명확한 책임과 모호한 의사결정 구조를 지적한다. 이러한 혼선은 결국 구성원 간 신뢰를 약화시키고, 공동의 목표에 대한 몰입을 저해하는 결과를 낳는다. 특히 '이중 지시'는 이러한 기능 장애의 전형적인 예다. 최근 MZ 세대는 과거보다 권한과 책임에 대한 인식이 뚜렷해졌다고 평가되지만, 여전히 많은 조직에서는 의사결정의 명확성과 책임 주체의 불분명함이 문제로 지적된다.

이러한 혼선을 줄이기 위해 여러 기업과 기관들은 구체적인 제도와 문화적 장치를 마련하고 있다. 대표적으로 NASA는 화성기후궤도선 프로젝트 실패 이후, 단위 체계 불일치와 커뮤니케이션 오류를 막기 위해 프로젝트별로 명확한 커뮤니케이션 절차와 데이터 표준화 체계를 강화해왔다. 이를 위해 명확한 의사소통 프로토콜과 유사한 개념으로, 모든 팀이 사용하는 단위, 데이터 형식, 의사소통 방식 등을 사전에 명확히 정의하고, 이를 반복적으로 검증하는 절차를 도입한 바 있다.

아마존은 파워포인트 발표 대신 '6페이지 서술형 메모'를 회의 전 필독 자료로 제공하는 방식을 채택하고 있다. 회의 참석자는 구두 설명이 아닌 문서화된 내러티브(서사)를 통해 논의의 기초를 공유하며, 이는 모호한 지시를 줄이고 깊이 있는 토론과 책임 있는 결정을 이끌어낸다.

국내 사례로 네이버는 '네이버웍스'를 기반으로, 모든 업무 지시와 피드백을 문서로 추적 가능하도록 시스템화했다. 이를 통해 '했다/안 했다' 논쟁을 최소화하고 업무의 투명성과 정합성을 확보하고 있다.

카카오 또한 '크루십crewship'이라는 고유의 문화체계를 통해 신뢰를 기반으로 한 수평적 소통을 강조한다. 이 문화는 자유로운 의견 개진과 부서 간 수평적 소통을 독려하며, 모호함을 줄이는 조직 내 커뮤니케이션 모델로 평가받고 있다.

이처럼 모호한 책임과 불분명한 의사결정을 줄이기 위한 노력은 단순한 절차 개선을 넘어 조직의 신뢰와 성과를 지탱하는 중요한 기둥이 되고 있다.

What to do

☑ **구체적으로 지시하라.**

"잘해봐", "알았다"는 말은 지시가 아니다. 상대의 자율성을 해치지 않는 범위에서 지시는 최대한 구체적으로 해야 한다.

☑ **다시 확인하라.**

"이해했나요?"라고 묻는 것보다 "당신이 이해한 바를 말해보세요"라고 요청하는 것이 더 효과적이다. 미 공군에서는 'Read-back' 프로토콜을 갖고 있다. 이는 중요한 지시 사항에 대해 반드시 상대방이 이해한 내용을 반복해서 읽어 회신하도록 하자는 것이다.

☑ **문서화 하라.**

지시 내용은 문서로 남겨야 한다. 기업에서는 이메일 한 통이 위기를 예방하는 강력한 무기가 된다. 단, 극도로 민감한 보안사항은 예외다.

☑ **시작 단계에서 충분히 토론하라.**

1:10:100의 법칙이 있다. 이것은 품질 관리 분야에서 경험적으로 도출되고 퍼진 개념이다. 지금은 소프트웨어 개발, 제조, 프로젝트 관리 등 다양한 분야에서 사전 검토의 중요성을 강조하는 데 활용되고 있다.

기획·설계 단계, 즉 초기에 문제를 발견하고 수정하는 데 드는 비용을 '1'이라고 가정할 경우 중간에 문제를 발견하고 수정하는 데 드는 비용은 약 10배로 늘어나고, 최종 단계에 문제를 발견·수정하는 데 드는 비용은 초기 단계의 100배 이상으로 급증한다는 것이다. 1:10:100의 법칙은 초기 단계에서의 아이디어 구상, 설계도 작성, 회의 및 토론 등이 얼마나 중요한지를 보여준다.

우군 없는 명분은 힘이 없고, 명분 없이는 우군이 없다

힘없는 정의는 무력하고, 정의 없는 힘은 폭정이다.
- 블레즈 파스칼,《팡세》

독불장군은 없다

    A 씨는 인정받는 실력파였다. 좋은 학벌에 추진력을 갖추었으며 논리도 명쾌했고 주관도 뚜렷했다. 원칙이나 소신에 어긋나는 일이라면 공개석상에서 윗사람에게도 거침없이 자신의 의견을 피력하곤 했다.
    A 씨는 승승장구했고, CEO 역시 그를 신뢰했다. 그러던 어느 날, A 씨의 회사에 새로운 인물 B 씨기 스카우트돼 A 씨의 직속 상사로 부임했다. B 씨는 A 씨와는 여러 면에서 상반된 스타일의 소유자였다. B 씨는 팀워크와 정해진 절차를 중시한 반면, A 씨는 빠

른 의사결정과 CEO에게 직접 보고하는 것을 당연하게 여겼다.

B 씨 부임 후, 두 사람 사이에는 미묘한 긴장감이 감돌기 시작했다. A 씨의 독단적인 업무 방식은 B 씨의 눈에 거슬렸다. 반대로 회사의 터줏대감격인 A 씨는 외부에서 온 B 씨가 자신의 업무 방식에 간섭하는 것을 불편하게 생각했다.

얼마 지나지 않아 결정적인 사건이 발생했다. CEO가 A 씨에게 지시한 프로젝트에 대해 A 씨는 B 씨를 건너뛰고 CEO에게 직접 보고를 했고, 이런 사실을 몰랐던 B 씨는 CEO가 참석한 회의 석상에서 크게 체면을 구겼다. 이 사건 이후 B 씨는 노골적으로 A 씨를 견제하기 시작했다. A 씨가 올리는 보고서마다 트집을 잡았다. A 씨의 의견은 번번이 묵살되거나 제동이 걸렸다.

A 씨는 반전의 기회를 노렸지만 안타깝게도 A 씨에게는 내부의 우군이 많지 않았다. 자신의 실력과 CEO의 신뢰를 믿고 독선적인 태도를 보였던 그를 동료와 선후배들이 탐탁지 않게 여겼던 것이다. A 씨 주변에는 그를 지지하는 세력이 거의 없었고, 그나마 있는 우군조차 적극적으로 그를 돕고 나설 명분이 부족했다.

주변 동료들이 점차 거리를 두기 시작하면서 A 씨는 중요한 의사결정 과정에서 점점 멀어졌다. CEO도 전체 분위기를 감안해 A 씨를 더 이상 두둔하기 어려웠다. 결국 회사는 중요한 인재의 역량을 제대로 활용하지 못하는 전략적 공백과 내부 갈등으로 인한 비용을 고스란히 치러야 했다. A 씨에게는 실력은 있었지만, 내부의 든든한 우군도, 그 우군이 적극적으로 나설 수 있는 명확한 명분도 부족했다.

우군이 곧 전략이다

조직의 위기는 외부에서만 비롯되지 않는다. 특히 인간관계의 위기는 내부에서 발생한다. 내부에서 일어나는 갈등, 오해, 파벌 형성 그리고 세력 다툼은 때로는 더욱 깊고 오랜 상처를 남긴다. 중요한 의사결정, 조직 개편, 신사업 추진, 위기 대응 등 그 어떤 중요한 사안도 강력한 내부 지지 세력, 즉 우군 없이 독단적으로 추진하기가 매우 어렵다. 세상에 독불장군은 없다는 얘기다. 내부의 적대적인 세력을 최소화하고, 강력한 우군을 확보하는 것은 성공적인 조직 운영과 위기 극복의 필수 조건이다.

개인 차원의 성공 여부도 여기에 크게 영향을 받는다. 적대적인 세력이 존재하면 아무리 좋은 아이디어나 계획이라도 실행하기 어렵고, 반대로 든든한 우군이 있다면 위기 상황에서도 상황을 중화시키거나 불리한 흐름을 반전시킬 수 있는 동력을 얻을 수 있다.

과거 청와대에서 고위급 인사 업무에 깊게 관여했던 한 인물의 말은 이러한 점을 잘 보여준다. "몇 사람이 모여 특정 인사를 두고 평가와 검증을 할 때, 한 사람이라도 강력하게 문제점이나 반론을 제기하면 그 대상이 후보가 될 가능성이 순식간에 낮아진다. 이때 그 반대 논리에 대해 강력하게 재반박하며 옹호하는 사람이 있다면 그 대상이 살아남을 가능성이 커지지만, 그런 사람이 없다면 결국 후보에서 제외되고 만다."

사업이나 어떤 일을 추진할 때도 이와 비슷한 상황이 벌어진다. 결국, 내부의 적대 세력을 적게 하고 든든한 우군을 확보하는 것이 중요하다는 얘기다.

역사 속에서도 명분만 내세우고 현실적인 힘과 내부 지지 없이 일을 추진하다가 실패로 끝난 사례를 쉽게 찾아볼 수 있다.

병자호란은 '명분'은 있었지만 '현실적 힘'이 부족한 국가가 얼마나 쉽게 무너질 수 있는지를 보여주는 대표적 사례다. 당시 조선의 인조는 명나라와의 '의리'를 앞세우며 청나라(후금)와의 사대 관계 수립 요구를 거부하고, 끝까지 저항하겠다는 강경한 입장을 고수했다. 그러나 정작 조선은 청의 강력한 군사력에 맞설 준비가 되지 않았고, 조정 내에서도 '강화파(현실론)'와 '주전파(의리론)'가 심각하게 대립하며 의견이 분열되었다.

당시 조선의 상당수 신하는 명나라에 대한 의리를 저버릴 수 없다는 명분론에 동조했지만, 명분만으로 냉혹한 현실을 극복하기는 어려웠다. 결국 인조는 1637년 1월, 한겨울에 삼전도에서 청 태종(홍타이지) 앞에 무릎을 꿇고 항복하는 치욕적인 결말을 맞이했다. 이 사건은 '옳은 생각'이나 도덕적 명분만으로는 위기를 극복할 수 없으며, 현실을 뒷받침할 힘과 내부의 통합된 지지가 동반되지 않으면 오히려 더 큰 위기를 자초할 수 있다는 사실을 뼈아프게 증명했다.

반면 미국의 에이브러햄 링컨은 남북전쟁 초기, 노예제 폐지를 전면에 내세우지 않았다. 당시 북부 내부에서도 노예제에 대한 견해가 갈렸기 때문이다. 그는 먼저 '연방의 유지'라는 정치적 명분을 앞세워 전쟁을 정당화했고, 이후 전쟁이 장기화되던 1863년 '노예해방 선언'을 통해 도덕적 명분을 추가하는 전략적 결단을 내렸다.

이는 단순한 이상주의를 넘어서서 정치적 현실과 도덕적 가치, 논리와 힘, 내부 지지 세력을 하나의 강력한 동력으로 결집시킨 전략이었다. 결국, 링컨은 남북전쟁에서 승리하고, 미국은 하나의 통합된 연방으로 다시 일어설 수 있었다.

이 두 사례는 정반대의 교훈을 준다. 아무리 옳은 명분이라도 현실을 이겨낼 수 없다면 무력하고, 아무리 엄연한 현실이라도 가치와 원칙을 결합하지 못하면 지속될 수 없다.

'같이 갈 사람'을 만들고 싶다면, 명분부터 만들어라

그런데 우군은 '가깝다'는 이유만으로 생겨나지 않는다. 그들에게도 당신과 함께 나설 최소한의 이유와 명분이 있어야 한다. 그 명분은 단순히 "옳은 일이니 도와달라"는 감성적인 호소만으로는 생길 수 없다.

때로는 개인적인 이해관계가 맞아떨어져 협력하기도 하지만, 지속적인 지지를 얻기 위해서는 상대방이 납득하거나 함께 내세울 수 있는 명분이 필수적이다. 즉 "왜 이 일에 동참해야 하는가?"라는 질문에 대한 명확한 답을 제시하지 못한다면, 아무리 정의롭고 옳은 일이라 할지라도 진정한 지지 세력을 얻기는 어렵다.

많은 리더나 CEO, 기관장들이 개혁이나 변화를 추진할 때 '왜 사람들이 내 말에 제대로 따라주지 않는가'에 대해 고민하고 아쉬워한다. 그러나 정작 그들이 왜 따라야 하는지에 대한 설득력 있는 명분을 주는 데는 소홀한 경우가 많다. 하버드 비즈니스 스쿨 존 코터 교수의 연구 결과에 따르면, 조직 변화가 실패하는 가장 큰 이유 중 하나는 '공감대 형성 실패'다. 조직원들이 왜 변화해야 하는지, 그 과정에서 자신의 역할은 무엇인지 명확히 이해하지 못할 때 저항이 발생한다(《Leading Change》, 1996).

A사의 CEO B 씨는 내부 혁신을 추진하며 전격적인 구조조정을 단행했다. 그는 "회사를 살리기 위해서는 반드시 해야 할 조치"라고 강하게 주장하며 전략을 밀어붙였지만, 정작 직원들에게는 극심한 불안감과 강한 반발심만 남겼다. B 씨는 '옳은 일'을 하고 있다는 확신은 강했지만, 정작 구성원들이 그의 결정에 공감하고 함께 나설 수 있는 명확한 명분을 제시해 그들의 마음을 사는 데는 실패

했다. B 씨는, 자신이 수백 명의 직원을 일일이 면담해 설득했다고 자랑했지만, 그 미팅에 다녀온 사람들은 하나같이 "혼만 나고 나왔다"라며 되려 고개를 저었다. 결국, 구조조정은 제대로 추진되지 못하고 지지부진한 결과를 낳았으며, B 씨의 리더십에 심각한 상처만 남겼다.

위기 대응에서 언론의 지지와 협력이 매우 중요하다는 것을 대부분의 사람이 알고 있다. 그러나 많은 고위직이나 경영진은 위기가 발생하면 이유나 명분을 확실히 하기보다는 우선 "우리와 친한 기자가 없나?" 혹은 "우리 편이 되어줄 언론사는 없나?"라고 말하며 주변을 둘러본다. 하지만 아무리 우호적인 기자나 언론사라 할지라도, 그들이 기사를 통해 자신들의 주장을 정당화할 수 있는 제대로 된 명분을 제공하지 않으면 적극적으로 움직이지 않는다. 설령 움직인다 해도 그 효과는 미미할 수밖에 없다.

개인적으로 친분이 두터운 기자라 할지라도, 결국 그 기자는 자신이 작성하는 기사를 통해 스스로의 직업적 정당성을 확보할 수 있어야 움직인다. 물론 가끔 '개인적인 친분'에 의해 만들어지는 기사가 있지만 별로 영향력을 갖지 못한다. 이러한 기본적인 사실을 무시하고 단순히 개인적인 '관계'에만 의존하려고 하면 오히려 역효과가 날 수 있다.

객관적인 사실에 기반한 명확한 명분과 논리, 그리고 사회적으로 인정받을 수 있는 정당성은 언론을 든든한 우군으로 만드는 기본적인 전제 조건이다.

남아프리카공화국의 넬슨 만델라는 인종차별 철폐라는 강력한 도덕적 명분을 가지고 있었지만, 이를 단지 흑인 다수의 외침이나 투쟁의 방식으로 접근하지 않았다. 그는 백인 소수와의 협력을 통해 남아공 사회의 실질적인 통합과 권력 이양을 신중하게 설계했다.

예를 들어, 그는 1994년 민주 정부 출범 이후에도 백인 공무원들이 정부 내 직책을 계속 유지할 수 있도록 허용함으로써 국가 행정의 연속성과 백인 사회의 불안 해소를 동시에 추구했다. 또한, 백인 대통령이었던 F. W. 데 클레르크를 부통령으로 임명하고, 기존 정권 인사들과 함께 통합 정부를 구성하는 등 권력 독점이 아닌 공동체 정치를 실현했다.

군 및 보안기구, 경제계 지도층과도 무력 충돌이 아닌 점진적 협력과 신뢰 형성을 통해 새로운 질서를 도입했다. 이러한 행보는 남아공 내외의 혼란을 최소화하고 체제 전환을 부드럽게 이끄는 핵심 기반이 되었다.

만델라의 이야기는 단지 명분이나 도덕적 이상만으로는 갈등과 분열의 시대를 극복할 수 없으며 현실적 협력, 제도 설계, 이해관계자 관리를 병행할 때에만 지속 가능한 통합과 평화가 가능하다는 교훈을 남긴다.

만약 만델라가 도덕적 정의만을 앞세워 급진적인 방식으로 전환을 시도했다면, 남아프리카공화국은 오늘날처럼 상대적으로 평화적이고 지속 가능한 민주주의로 이행된 나라로 기억되지 않았을 수도 있다. 그의 리더십은 명분과 현실, 도덕성과 전략, 이상과 설계가 어떻게 조화를 이룰 수 있는지를 보여준 역사적 사례로 남는다 (넬슨 만델라, 《자유를 향한 머나먼 여정》; BBC, 〈Nelson Mandela: Architect of a Rainbow Nation〉; The New York Times; The Guardian).

위기 상황일수록 힘, 논리, 그리고 명분이 균형을 이루어야 한다. 여기서 힘은 단순히 물리적인 자원만을 의미하는 것이 아니라 심리적·사회적 자원을 모두 포함하는 개념이다. 명확한 논리는 내부의 우군을 효과적으로 결집시키고, 잠재적인 적의 반대를 최소화하는 데 필수 역할을 한다. 이 세 가지 요소가 조화로운 균형을 이룰 때 비로소 큰 위기에도 효과적으로 대응하고 극복할 수 있는 강력한 힘을 발휘할 수 있다.

위기관리 전문가인 티모시 쿰스는 성공적인 위기관리의 핵심 프로세스로 3C를 강조한다. 즉, Cause(원인 분석), Control(통제 시스템 구축), Cooperation(협력적 대응)이다. 특히 협력 단계에서는 단순히 외부의 도움을 요청하는 것이 아니라, 모든 이해관계자가 공동으로 참여하고 지지할 수 있는 '공동의 명분'을 만드는 것이 중요하다고 강조한다.

What to do

- ☑ **우군은 미리 만들어 두는 것이다. 평소에 잘해라.**

    위기가 닥쳐서 급하게 주변 사람들을 찾으면 이미 늦다. 평소에 꾸준한 신뢰 관계를 구축하고, 중요한 사안에 대한 명분을 사전에 공유하는 노력이 필요하다.

- ☑ **우군에게도 명분를 줘라.**

    동의만 구하지 말고, 그들이 왜 이 일에 참여해야 하는지에 대한 명분을 만들고, 잘 설명해서 납득시켜라. 단순한 명령이나 도덕적 주장만으로는 사람이 움직이지 않는다.

- ☑ **공감 가능한 가치와 설득 가능한 논리를 함께 구성하라.**

    감성과 이성이 동시에 작동할 수 있도록 스토리를 구성하라.

과잉 개입은
리더십이 아니라 리스크다

지혜로운 농부는 씨앗이 자라도록 기다리지만,
자라는 싹을 억지로 당기지는 않는다.
-《맹자》〈공손추〉하편

지나친 채근은 독이다

"매사에 예민한 리더는 위기를 더 키운다."

리더나 CEO는 기업이나 조직이 지향해야 할 방향을 제시하고 큰 그림을 그리는 존재다. 그러나 현실에서는 사소한 일까지 일일이 개입하고, 언론 보도 한 줄에도 민감하게 반응하는 리더가 적지 않다. 문제는 이런 '과민형 리더십'이 위기를 해결하기는커녕, 되레 증폭시킨다는 점이다.

리더나 CEO가 모든 일에 개입할 필요는 없다. 일부 리더는 '내가 직접 챙기지 않으면 안 된다'는 강박에 사로잡히기도 하지만, 때로는 '알면서도 모른 척'하는 유연함이 조직을 살린다. 그렇다고 리더가 모르는 게 낫다는 이야기는 아니다. "악마는 디테일에 있다"는 말이 있듯이, 리더는 가능하면 모든 분야에 걸쳐 내용을 알고는 있어야 한다. 다만, 그 아는 것을 일일이 드러내고 따지고 밝히는 것보다는, 결정적인 부분이 아니면 모른 체하고 자율성을 주는 것이 낫다는 얘기다. 이 유연함을 '무능'이나 '방임'으로 오해해서는 안 된다. 진정 강한 리더는, 필요한 때를 기다릴 줄 아는 사람이다.

하버드 비즈니스 스쿨의 에이미 에드먼슨 교수의 연구에 따르면, 리더가 지나치게 개입하는 조직은 심리적 안전감이 저하되어 구성원들이 창의적인 문제 해결보다 상사의 기대에 맞추는 데 집중하게 된다.

공직 사회에서는 대통령의 스타일에 따라 조직 문화가 크게 달라진다. A 대통령 시절에는 공무원들이 상대적으로 언론의 눈치를 덜 보고 일할 수 있었다고 한다. 대통령이 언론 보도에 크게 신경을 쓰지 않았기 때문이다. 대통령비서실 출신 A 씨는 "대통령은 언론의 비판에 일희일비하지 않고 정책의 본질을 중시했다"라고 회고했다.

반면, B 대통령은 매일 아침저녁으로 언론 모니터링 보고를 받았고, 문제 기사나 신경이 쓰이는 부분은 수시로 관계 장관에게 직접 전화를 걸어 확인 혹은 질책을 했다. 당시 청와대에 근무했던 모 씨는 "대통령이 아침마다 언론 스크랩을 확인하고 관련 부처에 즉각적인 대응을 지시했다"라고 전했다 상황이 이러니 장·차관이나 청와대 수석은 물론이고 실·국장과 실무 공무원까지 언론 눈치를 보느라 정책 방향이 출렁거렸다. 중요한 정책이 단편적인 보도 하나로 수정되거나 심지어 폐기되기도 했다. 공무원들은 자신의 소신보다 '언론의 반응'에 더 신경 쓰게 되었다. 소통과 국민 여론을 지나치게 신경 쓰다 보니 본말이 전도된 것이다.

스탠퍼드대학의 제프리 피퍼 교수는 그의 저서 《Leadership BS》에서 과도한 간섭이나 권위적 관리 방식은 구성원들의 자율성을 침해하고 혁신을 저해한다고 지적한다. 리더의 민감한 성향이 조직 전체의 초점을 흐리고, 장기 전략이 아닌 단기 대응에 급급하게 만든다는 것이다. 언론을 신경 쓰는 건 당연하지만, 리더의 과잉 반응은 조직에 혼란을 주는 '독'이 될 수 있다.

시간을 주지 않으면 거짓으로 대응한다

기업이나 조직도 마찬가지다. 특히 평판관리에서는 윗사람이 지나치게 예민하게 반응하면, 실무자들은 문제 해결보다 임시방편으로 눈 가리고 아웅 하는 식의 대응을 하게 된다. 이는 문제를 해결하는 것이 아니라 더 키우는 결과를 초래할 뿐이다.

국내 중견 프랜차이즈 기업 B사에서 있었던 일이다. 일부 프랜

차이즈 가맹주들이 본사의 정책에 반발해 집단행동에 나서면서 언론을 통한 폭로전까지 예고했다. 담당 임직원이 급히 달려가 협상을 시도했지만 좀처럼 진전이 없었다. 그 사이 언론에서 관심을 갖고 이 상황을 기사화하면서 사건이 커졌다. 본사 최고경영자는 화가 머리끝까지 났다.

그는 조금의 양보도 할 수 없다는 강경 지침을 주면서, "이 안대로 당장 수습하라. 그렇지 못하면 그만두라"라는 극단적인 발언까지 했다. 궁지에 몰린 담당 임원과 실무진은 가맹점주들의 요구를 일부 몰래 들어주는 비공식적인 '이면 합의'를 하고 돌아왔다. 겉으로는 상황이 봉합된 것처럼 보였고, 점주들의 집단행동은 수그러드는 듯했다.

하지만 조금 지나서 일이 더 커졌다. 이면 합의 사실이 언론을 통해 알려지자 가만히 있던 다른 가맹점들이 들고일어났다. 결국, 회사는 큰 손실을 감내해야 했고, 관련 임원은 자리에서 물러나야 했다.

만약 경영진이 처음부터 시간을 주고 자율적으로 문제를 해결하도록 했다면, 결과는 달라졌을지도 모른다. 이 사례의 핵심은 단순하다. 시간을 주지 않으면, 사람들은 거짓으로라도 결과를 만들려 한다는 것이다. 리더의 채근과 불신은 실무자들에게 '눈 가리고 아웅'식 대응을 강요한다. 기다림은 때때로 최선의 전략이며, 위기를 진정성 있게 해결할 수 있는 유일한 방법일 수 있다. 위기 전문가인 티모시 쿰스는 "위기관리에서 가장 위험한 것은 단기적 해결책을 통해 문제를 은폐하려는 시도"라고 지적한다.

과잉 민감은 언론 대응에도 독이다. 기업의 평판위기에서 언론은 핵심 변수다. 하지만 언론 보도에 대해 리더나 CEO가 너무 예민하게 반응하면, 조직 전체가 본말을 잃는다. 실제로 많은 CEO나 리더는 사내 언론 대응팀을 다그치고, 문제 기사 하나에 대해 마치 기업의 명운이 걸린 것처럼 몰아세운다.

회사나 조직, 혹은 CEO 등 개인에게 부정적인 언론 기사를 삭제하거나 고치는 것은, 대부분의 경우 실현이 쉽지 않을 뿐 아니라, 설사 최선을 다해 어느 정도 성과를 거둔다 해도 크게 나아진 표시가 나지 않는다. 부정적인 내용의 기사가 아예 빠지거나 대폭 수정되기를 기대하는 오너나 최고경영진 입장에서는 불만일 수밖에 없다. 그런데 여기에서 화를 내고 채근하면 눈 가리고 아웅 하는 식의 미봉책을 동원하는 일이 생긴다. 쓰나미가 몰려오는데 작은 담장을 빨리 만들지 않는다고 화를 내는 게 부질없듯이 작은 기사 하나에 연연하는 것은 전혀 효과적이지 않다. 화를 낸다 한들 재앙을 피해갈 수는 없는 일이다.

물론 평판위기에 적극 대응할 필요는 있지만, 지나치게 민감한 것은 결코 사태 해결에 도움이 되지 못한다. 잠시의 충격으로 넘어갈 수 있는 위기를 오히려 키우는 부작용을 초래할 수도 있다. 옥스퍼드대학의 커뮤니케이션 연구에 따르면, 현대 사회에서 정보의 확산 속도도 매우 빠르지만, 동시에 정보의 수명도 짧아지는 경향이 있다.

오너나 리더가 언론에 지나치게 민감하면 이를 악용하는 부작용도 생긴다. F 대통령은 고위 인사를 단행할 때, 일부러 언론에 이름을 흘려 여론 반응을 본 후 결정을 내렸다. 언론을 통해 자질과 도덕성 등을 검증하려는 목적이었지만, 결과적으로는 경쟁자가 상대 후보를 견제하기 위해 의도적으로 거짓 정보를 흘리는 부작용이 생겼다.

정답은 없다. 그러나 한 가지 분명한 진실은 있다. 리더나 CEO가 언론 보도에 일희일비하면, 조직 전체가 '언론 맞춤형 의사결정'에 갇힌다는 점이다. 리더가 언론 보도에 예민하게 반응하며 조직을 흔드는 것은 최악의 태도이다.

'내 눈높이'가 항상 옳은 것은 아니다

리더가 지나치게 간섭하면 조직은 소극적으로 변하고, 창의적인 아이디어는 사라진다. 한 통신사의 사례를 보자. 새로운 서비스를 론칭하면서 광고 제작을 지시했는데, 시사회에서 공개된 결과물은 '파격적'이었다. CEO는 고개를 갸웃했다. "이게 뭐지? 도저히 뭐가 뭔지 모르겠다"라고 말했다. 그의 강한 거부감에 따라 이 광고물은

폐기하고 다른 것으로 대체하는 쪽으로 의견이 모였다.

그런데 반전이 일어났다. 광고 제작사 대표와 통신사의 홍보 담당 직원이 "한 번만 기회를 더 달라"고 요청한 것이다. 그들은 반응이 안 좋으면 제작비를 안 받을 테니 한 번만 방영 기회를 달라고 간청했다. 그래서 큰맘 먹고 한 번 방송에 올렸다. 그런데 웬일인가. 이 광고가 선풍적인 인기를 끈 것이다. 소위 대박이 터졌다. 눈높이가 달랐던 것이다. 그 이후 이 통신사에서는 광고를 찍거나 평가할 때 CEO를 포함한 고위급 경영진은 빠지기로 했다고 한다.

이 사례는 넷플릭스의 CEO 리드 헤이스팅스의 철학과도 일맥상통한다. 그는 "리더는 조직의 결정을 더 많이 내리는 것보다, 직원들이 최고의 결정을 내릴 수 있는 환경을 만드는 데 집중해야 한다"고 주장한다. '무엇을 할지' 대신 '왜 이 일을 하는지'에 대한 명확한 맥락과 목표를 제공하는 역할을 해야 한다.

한 신문사 팀장이 있었다. 후배 기자들이 기사를 써오면 독자들에게 더 완전한 기사를 제공하기 위해 항상 자신이 직접 고쳐서 완성도를 높인 후 출고했다. 한동안은 기사의 품질이 일정 수준 이상 유지되는 것처럼 보였다. 하지만 시간이 지나면서 일선 기자들이 대충 기사를 써오고, 팀장의 수정만 기다리는 분위기가 형성되었다. '어차피 고칠 건데 굳이 신경 쓸 필요 있나?'라는 태도가 자리 잡은 것이다. 결국, 팀장은 기자들에게 다시 책임감을 심어주는 형태로 운영 방식을 바꿔야 했다.

리더가 모든 것을 직접 챙기면, 조직은 점점 리더만 바라보게 된다. 실무자들이 스스로 생각하지 않고 지시를 기다리는 병목 현상이 생긴다. 실무자들에게 맡기는 것은 처음에는 시간이 걸려 비효율적으로 보일지 몰라도 시간이 지나 익숙해지면 훨씬 일이 빨라진다.

What to do

- ☑ **급할수록 돌아가라.**

  위기 상황에서는 성급하게 움직이는 것이 오히려 더 큰 실수를 부른다. 길 잃은 어린이가 제자리에 머물러야 보호자를 쉽게 만날 수 있듯이, 위기에서도 한 발 물러서 상황을 살피는 여유가 더 나은 결과를 가져온다.

- ☑ **한두 번은 실수해도 기다려줘라.**

  단기 성과보다 중요한 건, 실무진이 스스로 판단하고 성장할 수 있는 환경이다.

- ☑ **실수를 기회로 삼게 하라.**

  모든 상황에서 '처벌'이 아닌 '학습'을 먼저 떠올려야 한다.

- ☑ **'모른 척'하는 것은 예술이다.**

  알면서도 당장 개입하지 않고 기다려주는 태도는 리더십의 여유에서 비롯된다. 이는 구성원들에게 자율성과 책임감을 부여하는 지혜로운 방식이다. 가장 무서운 사람은 '알면서도 모른 체하는' 상사이다. 도요타 창업자 도요다 기이치로는 리더십 철학을 설명하면서 "보스가 좋아할 것인지 싫어할 것인지 끊임없이 걱정하는 것만큼 조직을 빨리 퇴보시키는 것은 없다"는 문구를 자주 인용한다.

4장

시스템보다
더 중요한 것은 사람

반드시 내부 전문가를 두어라

병기는 설사 백년 동안 쓰지 않는다 하더라도,
하루라도 준비하지 않으면 안 된다.
−정약용, 《목민심서》

덩치는 커졌는데 위기관리 대비는 '유아기'

잘나가던 중견기업 A사가 하루아침에 혼란에 빠졌다. 어느 저녁, 한 직원이 익명 게시판에 회사 내부의 비위를 폭로하는 글을 올렸다. 처음에는 단순한 내부 제보로 보였지만, 곧이어 다양한 SNS와 온라인 커뮤니티로 확산되면서 여론의 관심이 집중됐다.

몇 시간 만에 이 이야기는 주요 포털의 인기 검색어에 오를 정도로 빠르게 퍼졌고, 기자들도 몰려들어 관련 기사를 내보내기 시작했다. 이어서 금융·사법 당국 등이 사실 확인에 나서며 상황이 급박하게 전개됐다. 이는 불과 며칠 사이에 벌어진 일이었다.

A사는 서둘러 기자회견을 통해 공식 입장을 내놓았으나, 제대로 준비되지 않은 해명이었다는 평가를 받았고, 메시지의 일관성과 신뢰성이 부족했다는 지적까지 나왔다. 이 과정에서 혼란스러운 조직 분위기가 고스란히 언론에 노출되었다.

언론의 취재 경쟁이 치열한 가운데, 평소 회사에 불만을 품고 있던 일부 내부 직원들은 추가 폭로를 쏟아냈다. 그 결과, 기업의 평판은 빠르게 추락했고 제품 불매, 주가 하락과 같은 다양한 외부 후폭풍도 뒤따랐다. 결국, CEO는 책임을 지고 2선으로 물러났다.

A사는 이 사태가 발생하기 전까지 자신들이 평판위기에 얼마나 무방비 상태인지조차 알지 못했다. 내부에 이런 종류의 위기 대응 경험이 있는 인력이 없었고, 급히 외부 전문가를 수소문했지만 이미 골든타임을 놓친 상태였다. "내부에 경험 있는 사람이 있었더라면…" 하고 후회했지만 이미 때는 늦었다.

기업과 조직이 직면하는 평판위기는 과거보다 심각해졌다. 훨씬 더 빠르게 확산되고, 훨씬 더 파괴적인 양상으로 진화하고 있다. 그러나 이에 대한 대응은 여전히 과거에 머무르고 있다. 변화의 속도를 따라잡지 못하고 있는 것이 현실이다. 이제는 대기업뿐 아니라, 빠르게 성장한 스타트업, MZ 세대를 겨냥한 신규 브랜드, SNS 기반의 1인 창업가, 유명 연예인이나 스포츠 스타에 이르기까지 누구도 위기의 표적이 될 수 있는 시대가 되었다.

특히 온라인 환경의 변화는 위기의 양상 자체를 근본적으로 바꿔놓았다. SNS와 익명 커뮤니티는 더 이상 단순한 소통의 공간이 아니라, 평판위기의 핵심 진원지로 자리 잡았다. 사소해 보이는 불만이나 루머 하나도 공론화 과정을 거치며 순식간에 확산되고, 종국에는 기업의 존폐를 위협하는 심각한 사안으로 비화되는 일이 이제는 낯설지 않다.

이러한 위기는 단순한 이미지 훼손을 넘어, 매출 급감, 주가 하락, 핵심 인력 이탈, 법적 소송과 형사처벌에 이르는 실질적인 피해로 이어진다. 결국, 평판은 더 이상 마케팅이나 브랜드 전략의 부수적 요소가 아니라, 기업의 생존을 좌우하는 핵심 리스크 관리 과제로 떠올랐다.

그럼에도 불구하고 많은 조직이 여전히 위기 대응 능력이 부족하다. 아예 아무런 준비도 없는 경우도 적지 않다. 특히 외형적으로는 빠르게 성장했지만, 내부 시스템이 취약한 기업일수록 예고치 않은 위기 앞에서 우왕좌왕하다가 속수무책으로 무너지는 일이 반복되고 있다.

내부 전문가 없는 조직은 무방비 상태다

예상치 못한 위기가 닥쳤을 때 가장 먼저 그리고 명확하게 드러나는 약점은 바로 조직 내부의 '대응 시스템 부재'이다. 체계적인 위기 대응을 위한 매뉴얼이나 조직, 시스템은커녕, 평판위기에 대한 전문적 경험이나 최소한의 논리를 갖춘 인력조차 없다면, 다음과 같은 전형적인 실패 패턴이 되풀이될 가능성이 매우 크다.

가장 우려되는 것은 문제 인지 실패와 상황 파악 혼란이다. 문제가 터지면 당황하고 우왕좌왕하는 모습을 보인다. "이 문제를 어떻게 처리해야 하지?", "일단 부인하고 넘어가면 될까?", "아니면 변호사를 먼저 찾아야 하나?" 하면서 허둥댄다. 정작 가장 중요한 사실관계 확인과 상황 파악은 뒷전으로 밀리고 불필요한 혼란만 가중된다.

내부 소통의 마비로 인해 미숙한 정보 관리와 엇갈리는 메시지가 위기를 증폭시키고, 궁극적으로는 외부 전문가에게 의존하는 악순환을 되풀이하게 된다.

획기적인 기능을 가진 제품을 앞세워 한때 소비자들의 주목을 받았던 한 기업은 2023년, 자사 주요 제품의 성분에 대해 소비자단체와 일부 전문가들이 유해성 논란을 제기하면서 예상치 못한 위기를 맞았다. 이 기업은 초기에 과학적 근거 부족을 내세우며 논란을 부인했지만, 여론이 확산되자 뒤늦게 공식 사과문을 발표하고 제품 리뉴얼을 약속했다. 그러나 초기 대응의 미숙함은 소비자와 언론의 신뢰에 큰 타격을 주었고, 기업 이미지를 회복하는 데 상당한 시간과 노력이 필요했다.

또 다른 프랜차이즈 본사는 2024년, 가맹점주들과의 갈등이 온라인과 언론을 통해 급속히 알려졌지만, 초기에 원론적인 입장만 반복하다가 사태를 악화시켰다. 이후 발표된 해명과 사과는 시기와 메시지의 일관성이 부족해 여론의 반전을 이끌어내지 못했으며, 결과적으로 브랜드 이미지에 적지 않은 손상을 받았다.

한 기업에서는 내부 직원의 폭로로 인해 조직 문화 문제가 수면 위로 드러났다. 내부 직원을 부당하게 감시하거나 폭언·욕설과 같은 갑질을 하고 있다는 비판이 제기되었지만, 기업 측은 초기에 사실을 전면 부인하고 강경하게 대응했다. 이후 일부 증거가 제시되면서 여론이 악화되자 일부 사실을 인정하고 비로소 사과하는 과정을 거쳤다. 그러나 해명과 사과가 뒤바뀌고 일관되지 않게 전달된 점은 위기를 더욱 장기화시키는 요인이 되었다.

이처럼 다양한 사례들은 내부 커뮤니케이션 관리, 언론 대응 그리고 위기 메시지 전략의 부재가 얼마나 빠르게 소비자 신뢰를 무너뜨리는지를 잘 보여준다. 만약 위기 초기에 최소한의 경험과 전략적 감각을 갖춘 전문가가 내부에 있었더라면, 사태가 이토록 악화되지 않았을지도 모른다는 안타까움이 남는다. 위기의 핵심은 무엇을 잘못했느냐보다, 그 잘못을 어떻게 설명하고 책임지고 대처하느냐에 있다는 단순한 진리를 다시금 상기시켜주는 사례들이다.

전문가는 내부에서 키워야 한다

많은 중견·중소기업이나 스타트업 CEO들은 "우리 회사는 전문 인력을 둘 만한 여력이 없고 필요성도 느끼지 못한다"고 털어놓는다. 하지만 이는 위기관리에 대한 오해에서 비롯된 생각이다. 위기관리 담당은 반드시 고액 연봉을 받는 고위 임원이거나 여러 명으로 구성된 전담팀일 필요는 없다. 물론 전담 조직이 있으면 이상적이겠지만, 모든 기업이 이를 감당할 수 있는 것은 아니다. 중요한 것은 각자의 상황이나 형편에 맞는 방식으로 효과적인 위기관리 시스템을 구축하는 것이다.

예를 들어 내부 인력 중 한 명을 위기관리 전담으로 지정하고, 이 인력이 평소에는 다른 일을 하면서 동시에 위기관리 관련 업무를 하면 된다. 그 대신 위기관리 관련 업무에 좀 더 많은 시간을 할애할 수 있도록 하고, 이 사람이 외부 교육이나 컨설팅 교육을 받도록 지원하는 것이 한 방법이다.

우선 홍보, 법무, 인사 등 관련 부서의 직원 중 소통 능력과 판단력이 뛰어난 인재를 뽑아 위기관리 책임자로 지정할 수 있다. 물론 수준 높은 전문가이면 좋겠지만, 최소한의 소양과 관심을 가진 사람이면 충분하다. 이 사람이 예를 들어 한국PR협회의 교육 프로그램이나 위기관리 전문 컨설팅 회사의 워크숍 등에 참가하도록 회사 차원에서 지원함으로써 내부 전문가를 육성하면 된다. 그리고 이 담당자가 기본적인 위기 대응 매뉴얼을 만들게 하고, 정기적인 사내 교육과 훈련을 통해 전 직원의 위기 인식 수준을 높이도록 분위기를 조성하는 과정을 거친다.

이렇게 내부에서 육성된 담당자는 위기 발생 시에 가장 빛을 발한다. 외부 컨설턴트나 에이전시보다 내부 조직의 문화와 상황, 인력과 맥락에 대한 이해도가 월등히 높기 때문이다. 따라서 본격적인 위기 상황이 되면 외부 전문가의 도움을 받더라도, 내부 전문가가 정확하고 신속하게 정보를 전달하고, 외부의 조언을 조직 상황에 맞게 적용함으로써 훨씬 더 비용 효율적이고 신속한 위기관리가 가능해진다.

What to do

☑ **위기 준비는 자동차보험, 대응은 종합병원식으로**

조직이 장기적으로 안정된 성장을 이루려면 위기 전문가를 육성하고 시스템을 갖추는 데 좀 더 투자해야 한다. 당장은 불필요한 비용처럼 느껴질 수 있지만, 장기적으로 보면 가장 현명하고 경제적인 선택임이 증명될 것이다. 예상치 못한 위기를 넘기는 힘은 결국 준비된 사람과 시스템에서 나오기 때문이다.

위기관리 준비에 대한 투자는 자동차보험에 비유할 수 있다. 사고가 나지 않는다고 해서 보험에 가입하지 않을 수는 없다. 오히려 예측 불가능한 사고가 발생했을 때 보험의 진정한 가치를 알게 되듯이, 평판위기에 대한 투자는 평소에는 눈에 띄지 않지만, 막상 위기가 닥쳤을 때 그 투자가 얼마나 현명하고 필수적인 선택이었는지를 절실히 깨닫게 될 것이다.

위기의 규모가 크고 심각한 경우, 그 대응은 종합병원의 치료 시스템처럼 이뤄져야 한다. 여러 부위에 복합적인 치료가 필요한 중증 환자를 단과 병원 한 곳에서 효과적으로 치료하기에는 한계가 있다. 환자의 생명을 살리기 위해서는 다양한 분야의 전문 인력과 경험, 그리고 최첨단 장비를 갖춘 종합병원의 협진이 필요하다.

기업의 심각한 평판위기도 겉으로는 간단한 문제처럼 보이지만, 실제로는 훨씬 복합적인 경우가 많다. 이러한 상황에서는 최악의 시나리오를 상정하고 폭넓은 분야의 대응이 가능한 전문가가 조직과 긴밀히 공조해야 기대하는 효과를 거둘 수 있다. 아니면, 마치 응급실에 한 번도 가본 적 없는 사람이 갑작스러운 중증 질환에 걸린 것처럼 우왕좌왕하다가 돌이킬 수 없는 피해를 입게 된다.

대변인은 조직의 얼굴이자 방패 그리고 전사다

한마디 말이 나라를 흥하게도 하고 망하게도 한다.
-《논어》〈자로〉편

대변인의 역할: 입이 아니라 심장

　기업이든 정부든 조직이든, 외부 커뮤니케이션은 점점 더 정교하고 민감한 영역이 되고 있다. 평판은 단지 '좋고 나쁨' 혹은 '유리하냐 불리하냐'의 문제가 아니라 생존의 문제이다. 대변인은 그 평판관리의 첫 관문이다. 특히 조직이 위기를 맞닥뜨렸을 때, 가장 먼저 세상의 질문에 직면하는 사람이 바로 대변인이다.
　현대 사회는 이미지의 시대다. '무엇을 말하느냐'도 중요하시만 '누가, 어떻게 말하느냐'가 더욱 중요해졌다. CEO나 기관장 등 리더의 철학이 담긴 메시지, 조직이 지향하는 방향 그리고 사과나 해명까지도 대변인의 목소리를 통해 전달된다. 대변인의 역량이 곧 조직의 신뢰도를 결정짓는 시대가 된 것이다.

대변인은 단순한 '입'이 아니다. 그는 조직의 정체성을 외부와 연결하는 핵심 접점이다. 내부 회의에 참여해 전체 내용과 핵심 메시지를 이해하고, 외부와의 접촉에서는 조직의 입장을 조율하며, 위기 시에는 프레임을 선점하는 '메시지 전략가' 역할까지 수행해야 한다. 즉, 대변인의 역할은 단순한 정보 전달을 넘어 위기 상황에서 조직의 회복력resilience을 좌우하는 핵심 요소다.

정치권에서는 대변인, 부대변인, 수석대변인 등 다양한 명칭과 자리가 있지만, 그 역할과 본질은 비슷하다. 기업이나 민간 조직 역시 명칭은 다를지라도 비슷한 역할을 하는 인물이 있으며, 그는 평판위기 상황에서 가장 중요한 내부 전문가의 첫 번째 자리에 있다.

규모가 작은 조직에서는 CEO나 고위 임원이 직접 대변인 역할을 하는 경우도 있다. 상황에 따라, 조직 규모에 따라 불가피한 선택일 수도 있다. 특히 CEO가 경험과 탁월한 통찰력을 갖추고 있다면 더욱 그럴 수 있다. 하지만 이러한 방식은 리더가 메시지 관리 실패나 지나친 노출로 오히려 조직의 평판을 위험에 빠뜨릴 수 있는 위험 부담이 있다. 전략적 이유로 직접 나설 수는 있지만, 평상시에는 신뢰할 수 있는 대변인을 두는 것이 훨씬 안정적이다. 이는 자신이 외국어에 능통하더라도, 공식 회담이나 협상에서는 전문 통역사의 도움을 받는 것이 필요한 것과 같은 이치다.

대변인 잘 뽑으면 조직이 살고, 잘못 뽑으면 조직이 흔들린다

미국 백악관의 전 대변인 조시 어니스트는 "대변인은 조직의 입이 아니라, 조직의 목소리 그 자체"라고 말하면서 대변인의 전략적 역할을 강조했다. 그는 버락 오바마 전 대통령의 메시지를 명확하고 설득력 있게 전달했을 뿐 아니라, 차분함과 유머를 통해 언론과의 신뢰 관계를 구축하고, 정부의 신뢰도 제고에 크게 기여했다.

국내의 한 전직 대통령은 취임 직후 가장 먼저 대변인을 임명하며, 공개석상에서 대변인의 중요성을 직접 강조한 바 있다. 그는 "대변인은 대통령과 가장 가까운 거리에서 일해야 하는 사람"이라며, 대변인이 주요 회의에 모두 참석하도록 지시했다. 이는 대변인이 단순히 정보를 전달하는 기능을 넘어, 핵심 의사결정의 맥락과 철학을 이해하고 이를 조직 안팎에 설득력 있게 공유해야 한다는 전략적 접근에서 나온 것이다. 이러한 인식은 조직 커뮤니케이션의 수준을 가늠하는 중요한 기준이 되기도 한다.

한국은행 이창용 총재 역시 소통의 중요성을 깊이 인식하고 이를 조직 운영에 적극 반영한 인물이다. 그는 과거 국제통화기금IMF에서 7년간 아시아·태평양 담당 국장을 역임하는 동안, 리더십과 정책 신뢰 형성에서 커뮤니케이션 역량의 중요성을 절감했다고 밝힌 바 있다.

총재 취임 이후에는 조직 내 미디어 대응 체계와 외부 소통 전략을 대대적으로 재정비했으며, 특히 공보관에게 실질적인 권한을 부여하고 내부 보고서의 공유 체계를 강화하는 등의 조치를 했다. 그 결과 한국은행은 주요 정책에 대한 설명력과 투명성이 제고되었고, 보고서의 질과 양이 개선되었으며 이를 대외적으로 활용할 수 있는 채널도 확대되었다.

특히 대외 접촉이 많은 부서나 대외 발표를 희망하는 임직원들에게는 '사실상의 대변인' 역할을 할 수 있도록 미디어 트레이닝 기회를 제공하고 있으며, 이는 조직의 위기 대응 및 정책 신뢰도 제고 측면에서도 중요한 역할을 하고 있다.

이처럼 커뮤니케이션을 단순 전달이 아닌 전략적 기획의 영역으로 인식하고, 조직 내외부에 그 역량을 분산시키는 방식은 현대적 리더십의 핵심축이 되고 있다.

대변인이 '모든 것'을 알아야 할 필요성을 입증하는 사례 한 가지를 보자. K 씨는 국무총리 공보실장 겸 대변인으로 활동하던 시절, 고도의 보안을 요하는 일부만 제외하고는 총리가 주재하는 거의 모든 주요 회의에 참석했다. 어느 날 총리가 유엔총회 참석차 뉴욕을 방문해 최고급인 W호텔에 머물렀는데, 귀국 후 일부 언론은 그가 '초호화 호텔'에 묵으면서 국가 재정을 낭비했다고 강하게 비판했다. 심지어 국회에서 야당은 이 건을 빌미로 총리에게 강한 질타를 예고하며 출석을 요구하는 상황이었다.

하지만 K 씨는 일찍이 해당 호텔이 선정되는 과정 등을 속속들이 알고 있었기 때문에 그 내용과 과정을 정확히 언론에 설명할 수 있었다. 그리고 미팅을 통해 유엔총회 기간 중 뉴욕의 숙박 비용이 시즌 특수로 크게 비싸지는 것은 당연한 현상임을 논리적으로 설명했다. 다수의 언론이 그의 설명을 설득력 있게 받아들였고, 그 결과 국회에서 심각한 논쟁으로 번져 정치적으로 악용되는 것을 피할 수 있었다.

또 다른 사례도 있다. 모 금융기관에서 최고위급 임원들이 참석한 술자리에서 불미스러운 충돌이 발생했다. 모두가 '쉬쉬' 하며 보안을 강조했지만 어쩐 일인지 이 사실이 바로 외부로 유출되어 언론 보도가 나왔다. 다음 날 다른 언론사의 보도가 잇따랐고 감독 당국도 조사에 나섰다. 그런데 대변인 역할을 담당하던 임원은 사건 현장에 있었기 때문에 정확한 상황과 맥락을 금융 당국에 전달할 수 있었고, 조사 과정에서 일정 부분 신뢰를 확보하여 사태가 최악의 상황으로 치닫는 것을 피할 수 있었다.

이처럼 대변인은 단순한 전달자가 아니라, 조직 내부의 맥락을 이해하고 외부 언론과 신뢰를 주고받을 수 있는 '현장형 전문가'여야 한다.

반면 대변인이 실수를 저지르면 그 결과는 일반 조직원이 실수한 것보다 더 치명적이다. 박근혜 정부 초기, 청와대 대변인은 해외 순방 중 성 추문 사건으로 여론의 집중적인 질타를 받고 낙마했다.

이는 단순히 대변인 차원의 개인 일탈에 그치지 않았다. 정부 전체의 신뢰도에 타격을 주었고, 주요 인사 검증 시스템에 대한 불신을 초래했다. 이처럼 대변인의 윤리와 품격은 곧 조직의 신뢰와 직결된다.

미국의 보험회사 AIG는 2008년 세계 금융위기 당시 평판위기에 직면했다. 정부 구제금융을 받은 직후, 최고경영진이 고급 리조트에서 회의를 개최해 많은 비용을 낭비했다는 보도가 나오자 대중의 분노가 폭발했다. 〈월스트리트 저널〉과 〈뉴욕타임스〉 등의 2008년 10월 8일 이후 기사에 따르면, AIG는 사태 초반에 이러한 상황을 즉각적이면서도 적절하게 대처하지 못하고 책임 회피와 발뺌으로 일관했다. 결국, 경영진은 교체되었으며 기업 이미지도 크게 훼손되었다.

'초기 프레임'의 중요성과 대변인의 역할

위기 상황에서 대변인은 단순히 정보를 전달하는 사람이 아니라 '프레임의 설계자'이자 조직의 첫 번째 방어선이다. 위기가 발생하면 득달같이 달려오는 것은 기자뿐만이 아니다. 이제는 유튜버까지 가세하여 정보가 폭발적으로 확산된다. 속보 경쟁이 치열해진 탓에 충분한 확인 없이 기사들이 쏟아지는 경우도 많다. 이때 초기에 위기 상황을 어떻게 규정하고 대중에게 어떤 관점으로 접근할 것인지, 즉 어떤 프레임을 어떻게 설정하느냐가 위기 대응의 성패를 결정짓는 중요한 요인이 된다.

프레이밍 이론의 선구자인 로버트 엔트만은 1993년에 발표한 논문 〈Framing: Toward Clarification of a Fractured Paradigm(프레이밍: 깨어진 패러다임을 명확히 하기 위한 시도)〉에서 "프레임은 인식된 현실의 특정 측면을 선택하고 강조함으로써, 문제 정의, 인과 해석, 도덕적 평가, 그리고 해결책 제시에 영향을 미친다"라고 설명했다. 위기 상황에서 대변인은 바로 이 프레임을 대중에게 가장 먼저 제시하는 첫 번째 주자이다.

2014년 K사의 '항공기 회항' 사건은 잘못된 초기 프레임 설정이 얼마나 치명적인 결과를 낳는지 보여주는 대표적인 사례 중 하나로 평가되고 있다. 사건 발생 즉시, 진정성 있는 공식 사과와 납득할 만한 후속 조치를 단행했더라면 사태가 그렇게까지 커지지는 않았을지 모른다. 하지만 담당자들이 초기에 사실관계를 축소하고, 내부 규정에 따른 조치라는 변명과 은폐 시도로 일관하며 골든타임을 놓친 결과, 사태는 그룹 전체의 문제로 확산되었다. 결국, 오너 일가의 법적 처벌과 기업 이미지의 심각한 추락으로 이어졌다.

부정적인 프레임이 한번 굳어지면, 이를 되돌리는 데는 몇 배, 몇십 배의 노력과 시간이 필요하다. 따라서 위기 대응에서는 정확한 정보를, 신속하게 그리고 일관되게 제공하는 것이 핵심이다. 이를 위해서는 모든 커뮤니케이션 창구를 일원화해야 하며, 그 중심에 바로 대변인이 있어야 한다.

대변인의 역할은 매력적이면서도 동시에 위험하다. 최근 정치권에서 대변인의 자리는 출세 코스로 여겨지기도 한다. 카메라 앞에 자주 노출되며, 그만큼 대중과 언론의 집중적인 관심을 받는 자리이기 때문이다. 하지만 작은 실수 하나로도 큰 비난을 받을 수 있는 양날의 검과 같은 자리다. 대변인의 신중한 메시지 하나가 조직의 이미지를 완전히 뒤바꿀 수 있는 만큼, 대변인은 항상 높은 긴장감과 책임감, 도덕성을 유지해야 하는 직업이다.

What to do

☑ **믿을 사람 시키고, 시켰으면 믿어라.**

대변인은 단순한 직책이 아니다. 그는 전략적 커뮤니케이션의 중심에 있는 존재다. 따라서 대변인 임명 시 가장 중요한 기준은 '신뢰성'이다. 이것이 능력보다 앞서야 할 핵심 덕목이다. 믿을 수 없는 사람에게 그 중요한 역할을 맡기느니, 차라리 대변인을 두지 않는 것이 나을 수도 있다.

위기관리 전문가 티모시 쿰스의 상황적 위기 커뮤니케이션 이론(SCCT)에 따르면, 위기 상황에서 메시지의 일관성은 조직 신뢰도 회복의 핵심 요소다. 이 일관성을 유지하기 위해서는 대변인에게 충분한 정보와 권한이 주어져야 한다. 그리고 일단 대변인으로 임명했다면, 리더는 그에게 깊은 신뢰와 함께 권한을 줘야 한다. 만약 리더가 사사건건 간섭하고, 이미 발표된 메시지를 번복하거나 수정하도록 지시한다면 대변인의 신뢰도는 급격히 떨어지고, 메시지의 일관성과 진정성이 훼손되어 조직 전체의 방향이 흔들리게 된다.

PR 전문가 제임스 그루니그는 관련 업무가 효과적으로 수행되기 위해서는 조직과 공중 간의 관계를 신뢰성 있는 쌍방향 소통으로 구축하는 것이 중요하다고 강조했다. 이는 리더의 신임과 더불어, 언론과 대중의 신뢰를 모두 얻을 수 있는 능력을 통해 가능하다. 그 시작에는 대변인이 있다.

'No'라고 말하는 사람을 옆에 두어라

권력자들은 자신에게 진실을 말해주는 이들의
말을 듣지 않아 종종 몰락한다.
-로버트 그린,《권력의 법칙》

'지록위마'는 고사성어가 아니라
지금 우리 이야기

조직 경영에서 가장 강조되는 원칙이 하나 있다. 바로 'No'라고 말해줄 사람을 곁에 두라는 것이다. 말은 쉽지만, 이 원칙을 실천하기는 쉽지 않다. 실제로 그런 리더도 많지 않다. 'No'를 말하는 사람은 아무래도 불편한 존재로 여겨지기 때문이다.

한 조직이 위기에 빠지는 가장 빠른 길은 바른말을 하는 사람이 사라지는 것이다. 충언·직언을 막는 순간, 진실은 리더에게 닿지 않고 조직은 점차 현실 인식 능력을 잃는다. 결국 마지막 순간, 모두가 눈치만 보는 가운데 리더는 홀로 "왜 아무도 나에게 말해주지 않았느냐"고 외치게 된다.

우리는 이 원칙을 무시한 대가가 얼마나 참혹한지를 역사와 현실에서 숱하게 목격해왔다. 역사는 이런 시행착오를 수없이 반복해왔다. 대표적인 사례가 '지록위마(指鹿爲馬)'다. "사슴을 가리키며 말이라 한다"는 뜻으로, 거짓된 행동으로 윗사람을 농락하는 행위를 가리킨다.

천하를 통일하여 진나라를 세운 진시황의 아들이자 2대 황제 호해(胡亥)는 무능한 황제였다. 그는 환관 조고에게 현혹되어 충신들을 숙청하며 간언하는 신하들을 배척했다. 하루는 조고가 황제 앞에서 신하들에게 사슴을 가리키며 말이라고 주장했는데, 이 말에 반박하는 자들은 제거당하고 아첨하는 자들만 남았다. 결국, 진나라는 불과 15년 만에 멸망했다. 무능한 황제가 선대가 어렵게 이룩한 통일 위업을 무너뜨리고 측근의 감언이설에 빠져 하루아침에 패망의 길로 몰고 간 것이다.

이 고사성어는 단순한 역사 이야기가 아니다. 오늘날에도 수많은 조직에서 사슴을 말이라고 속이는 보고가 올라가고, 이를 지적하는 사람은 소리 없이 퇴장당한다. 'No'라고 말하는 사람이 사라지는 순간, 리더는 위험해진다.

'No'가 사라지는 이유

사람은 본능적으로 자신이 보고 싶은 것만 보고, 듣고 싶은 것만 듣는다. '확증 편향' 때문이다. 심리학자 레이먼드 니커슨은 "확증 편향은 인간의 사고 과정에서 가장 강력하고 편재한 편향 중 하나"라고 지적했다. 리더의 자리, 높은 자리에 오르면 이 경향은 더 강화된다. 영향력 있는 위치에 오를수록 그 사람 주변에는 아부와 찬사가 넘쳐난다. 'No'는 없어지고 점점 'Yes'만 남는다.

우베 페터스는 〈What Is the Function of Confirmation Bias(확증 편향의 기능)〉라는 제목의 논문에서 권력을 가진 개인들이 사회적 상호작용에서 자신의 신념을 강화하는 정보를 선호하는 경향이 있다고 분석했다. 과거에는 겸손하고 균형 잡힌 판단을 하던 사람도 높은 자리에 오르면 달라지기 시작한다. 실무에 있을 때 독선적인 상사를 비판하던 이가, 어느 순간 그와 똑같은 사람이 되어버린다. "내가 하면 다를 거라 생각했지만, 현실은 그렇지 않더라"라는 말에 대해 많은 리더가 뼈아프게 공감할 것이다. 물론 역할이 달라짐에 따라 업무상 불가피한 오해를 받는 경우도 있지만, 많은 경우 그 근본 책임의 상당 부분은 리더 자신에게 있다.

이런 현상을 막기 위해서는 리더나 CEO가 'No'를 말하는 사람을 가까이 두려는 의식적인 노력이 필요하다. 자신의 주변에 'No'라고 말하는 사람을 두려면 어떻게 해야 할까? 가장 근본적인 해법은 윗사람 자신에게 있다.

한 대기업 부회장 A 씨와 행사장을 방문한 자리에서 같은 그룹 고위직으로 있는 B 씨를 만났다. 헤어지고 나오는 길에 B 씨에 관한 이야기가 나왔다. A 씨가 "저 친구는 언론계 출신이라서 그런지 회장님 앞에서도 별로 어려워하지 않고 자기 할 말을 잘해"라고 말했다. 함께 있던 임원이 "그러면 회장님은 어떤 반응을 보이십니까?"라고 물었다. 그러자 A 씨는 "듣기 싫은 말을 해도 별로 화를 내거나 하진 않고, 그냥 대충 듣는 척해"라고 대답했다.

바로 이 지점이 중요하다. 윗사람 입장에서 항상 자신이 듣기 좋은 말만 들을 수는 없다. 가끔은 듣기 싫은 말, 아픈 지적도 나올 수 있다. 그래도 화를 내지 않고 이 말을 받아들이면, 점차 조직 내에서 자유롭게 의견을 개진하는 문화가 형성된다. 그러나 리더가 듣기 싫은 소리를 하는 사람에게 언짢은 반응을 보이거나 노골적으로 싫은 표시를 하고, 조금이라도 불이익을 준다면 결국 아무도 'No'라고 말하지 않게 되고, 조직은 위기에 빠진다. 에이미 에드먼슨의 연구에 따르면, 리더가 개방적인 태도를 보일 때 조직의 의사결정 품질이 향상된다고 한다.

역사에서 배우는 'No'의 가치

중국 역사에서 'No'를 효과적으로 활용한 대표적인 리더는 당 태종 이세민이다. 그는 '정관의 치(貞觀之治)'라 불리는 태평성대를 이끌었는데, 그 배경에는 태종 개인의 역량뿐 아니라, 간언을 서슴지 않았던 신하 위징이 있었다. 위징은 황제에게 쓴소리를 아끼지 않았고, 태종은 이를 귀담아들었다.

한번은 태종이 불합리한 처벌을 명했는데, 위징은 이를 강력히 반대하며 황제의 명령을 철회시켰다. 위징은 태종의 고구려 원정에 대해 국력을 소모시키고 백성을 힘들게 할 것이라며 강하게 반대했다. 비록 태종은 후에 고구려 원정을 강행했지만, 위징의 생전에는 그의 의견을 경청하며 신중하게 접근하려 했다. 위징 사후 고구려 원정에 실패한 태종은 "아, 위징이 살아 있었다면 이런 일이 없었을 텐데…"라며 후회했다고 한다(오금성, 《당태종: 위대한 중국 황제의 리더십》, 2018).

전한(前漢)의 초대 황제 유방이 진나라를 무너뜨리고 천하를 통일할 수 있었던 데는, 장자방과 같은 '아부하지 않은 참모', '예스맨이 아닌 책사'가 큰 역할을 했다는 기록이 있다. 이 역시 'No'라고 말하는 인물을 가까이 두어야 하는 이유를 설명한다.

현대 기업에서도 'No'의 가치는 중요하다. 애플의 스티브 잡스가 자신의 의견과 다른 견해를 가진 사람들을 주변에 두었음을 여러 인터뷰나 전기에서 찾아볼 수 있다 그는 한 번의 실수가 회사의 미래를 결정할 수 있다는 점을 깊이 이해하고 있었고, 내부에서 끊임없이 비판적 사고를 장려했다. 월터 아이작슨의 《스티브 잡스》에 따르면, 잡스는 "나는 내가 틀렸다고 말해주는 사람들이 필요하다. 그래서 내 주변에는 항상 그런 사람들이 있다"라고 말했다고 한다. 잡스가 말년에 "나는 더 이상 진실을 들을 수 없는 CEO가 되어 있었다"라고 고백한 일도 있다.

'No'도 기술이다: 직언의 기술, 고언의 전략

'No'를 말하는 것도 하나의 기술이다. 무턱대고 직언한다고 해서 효과를 거두는 것은 아니다. 오히려 갈등을 일으켜 조직에서 소외될 수도 있다. 단호한 의견 제시에도 전략과 노하우가 필요하다.

중견기업 C사에는 잘나가는 두 실력파 A와 B가 경쟁하며 회사를 이끌고 있었다. A 씨는 직설적이고 강직한 스타일이었다. 통찰력과 자신감이 뛰어났으며, 윗사람에게 직언하는 방식도 직선적이었다. 윗사람이 잘못했다고 생각되면 장소를 가리지 않고 바로 지적했다. 아랫사람에게도 마찬가지였다. 그의 고언이나 지적은 대부분 옳았지만, 방식은 직선적이었다.

그의 위상은 오래 가지 못했다. 좋은 실적과 추진력에도 불구하고 여러 곳에서 적이 생겼고, 윗사람도 불편함을 느끼기 시작했다. 결국 그는 자신이 목표했던 뜻을 이루지 못하고 자리에서 물러났고, 이후 다른 곳에서 중요한 자리에 등용됐지만 유사한 양상이 되풀이됐다.

반면 B 씨는 다른 스타일이었다. 같은 의견이라도 말할 타이밍을 조절하고, 직접적인 지적보다 사례를 통해 간접적으로 문제를 제기하는 전략적인 접근 방식을 사용했다. 평소에도 꾸준히 긍정적인 기여를 해 리더의 신뢰를 쌓았다. 그 결과 그는 조직 내에서 영향력을 확보하며, 장기적으로 자신이 옳다고 믿는 방향을 실현할 수 있었다.

A와 B. 두 사람 중 어느 쪽이 효과적이었을까? 당신이 상사라면 어느 쪽을 택할 것인가? 당신이 후배라면 누구를 따랐을까? 한쪽이 정답이라고 단정하기는 쉽지 않다. 상사의 스타일과 조직 문화에 따라 결과는 달라질 수 있다. 그러나 현실적으로 B 씨처럼 부드럽고 전략적으로 의견을 제시하는 경우 더 멀리, 더 함께 가며 실질적인 성과를 이루는 경우가 많다.

A의 '진심'은 짧지만 강렬했고, B의 '전략'은 길고 지속적이었다. 둘 중 어떤 방식이 옳다고 단정할 수는 없지만, 조직에서 'No'를 말할 때는 반드시 기술과 전략이 필요하다는 점은 분명하다. 고언일수록, 전략적 접근이 더 힘을 발휘한다.

What to do

☑ **어려운 사람을 한 명이라도 두자. 외부에서 찾아도 된다.**

조직 내부에 'No'라고 말할 사람을 두는 일은 쉽지 않다. 직급의 벽, 분위기, 눈치 등으로 인해 내부 견제에 한계가 있다면, 외부에서라도 '어려운 사람'을 만들어 두는 지혜가 필요하다.

가끔은 쓴소리를 하고, 쉽게 고개 끄덕이지 않으며, 결정 앞에서 한 번쯤 멈칫하게 만드는 사람. 그런 존재가 있으면, 말 한마디에도 무게가 생기고 판단에는 신중함이 더해진다. 불편하지만 유익한 사람이 내부에 없으면 외부에서라도 찾아야 한다.

☑ **'No'라고 말해도 불이익이 없는 분위기를 조성하라.**

리더는 조직 구성원이 'No'라고 말했을 때 불이익을 받지 않는다는 점을 분명히 해야 한다. 이는 단지 말로만 가능하지 않다. 조직의 장, 즉 리더나 CEO가 자신의 오류를 기꺼이 인정하고, 직언과 고언을 열린 자세로 받아들이는 모습을 행동으로 보여야 가능하다.

'No'라고 말한 사람을 공개적으로 칭찬하는 것도 한 방법이다. 이는 구성원들에게 '정직한 의견 개진이 장려된다'는 강력한 메시지를 줄 수 있다.

IBM에 이런 일화가 있다. 한 중간 관리자가 전략적 판단 실패로 회사에 큰 손실을 초래한 후 사직서를 제출했다. 이에 당시 CEO였던 토머스 J. 왓슨은 "우리는 당신을 교육하는 데 100만 달러를 썼는데, 왜 지금 내보내겠는가?"라며 사직서를 반려했다. 이 이야기는 IBM이 실패를 통해 배우는 학습 조직 문화를 중시했다는 점을 잘 보여주는 사례로 자주 인용된다.

☑ **10개의 공을 세우고 하나를 간(諫)하라.**

직언하는 방식 또한 중요하다. 아무리 옳은 말이라도 듣는 사람의 방어기제를 자극하면 효과가 제한된다. 심리적 저항감을 자극하지 않고 진정성을 전하려면, 우선 상대방에게 깊은 신뢰를 쌓은 상태에서 말해야 한다.

또 싫은 소리를 할 때도 먼저 공로와 장점을 인정하는 것이 현명한 접근이다. 하버드대학과 스탠퍼드대학의 연구에 따르면, 비판 전에 긍정적인 메시지를 먼저 제공할 경우 비판의 수용률이 높아진다고 한다. 마이크로소프트의 CEO 사티아 나델라는 '성장 마인드셋'이라는 개념을 도입해 직원들이 서로의 아이디어를 존중하면서도 건설적인 비판을 할 수 있는 문화를 만들었다. 이러한 경영 철학은 그가 쓴 책 《히트 리프레시》에 자세히 소개되었다. 그는 "우리는 '모든 것을 아는 사람'이 아니라 '모든 것을 배우는 사람'이 되어야 한다"고 강조하며, 실패와 비판을 두려워하지 않는 문화를 조성했다.

가스라이팅의 위험

당신의 동의 없이 누구도 당신을 열등하게 만들 수 없다.
- 엘리노어 루즈벨트

당신의 조직은 지금 조용히 병들고 있는 중일지도 모른다

우리는 믿었던 사람에게 배신당할 때 큰 충격을 받는다. 그런데 더 무서운 건 배신이나 조종을 당했음에도 그 사실조차 알아채지 못하는 경우다. 심지어 배신자를 끝까지 믿고, 감싸고, 보호하려 들기도 한다. 이것이 바로 가스라이팅Gaslighting의 무서운 점이다. 가스라이팅은 상대를 심리적으로 조종하는 기법이다. 피해자가 스스로를 의심하게 만들고, 피해자의 판단력을 흐리게 하며, 결국 가해자에게 의존하게 만드는 교묘한 심리 조작 기법이다. 가스라이팅의 궁극적인 목적은 타인에 대한 지배력을 강화하는 데 있다. 마치 거미줄에 걸린 곤충처럼 상대에게 천천히 옭아매어 자신의 판단이나 감각보다 상대의 말을 더 신뢰하게 되는 상태를 말한다.

이 용어는 1938년 패트릭 해밀턴이 집필한 스릴러 희곡 〈가스등 Gas Light〉에서 유래했다. 이 연극은 1940년 영국에서 먼저 영화화되었고, 1944년 잉그리드 버그만이 주연한 영화를 통해 널리 알려졌다. 남편이 아내를 조종하고자 집안의 가스등을 은밀히 조절하여 아내를 정신적으로 혼란스럽게 만드는 이야기를 다룬다. 가스등이 흐릿해질 때마다 아내가 이상함을 느끼면, 남편은 "아무 일도 없어, 네가 착각하는 거야"라고 반복해서 말하며 아내의 현실 인식을 왜곡시켰다.

심리학자 로빈 스턴은 저서 《친밀한 파괴자》에서 "가스라이팅은 단순한 속임수가 아닌, 체계적이고 지속적인 현실 왜곡"이라고 설명했다. 미국심리학회는 2021년에 가스라이팅을 인식과 경험에 대한 의심을 유도하는 심리적 조작이라고 인정했다. 실제 미국 국립 가정폭력 핫라인에 접수되는 사례 중 상당수가 가스라이팅을 동반하며, 피해자는 자신의 경험을 의심하고 혼란스러워하는 경우가 많다고 한다.

치명적인 문제는 이 가스라이팅이 개인 간의 문제에 그치지 않고, 조직과 사회 전반에 스며 있으며 다양한 형태의 위기를 유발하고 있다는 점이다. 〈하버드 비즈니스 리뷰〉에 발표된 연구 결과에 따르면, 직장 내 가스라이팅은 생각보다 훨씬 광범위하게 발생하고 있다고 한다.

믿었던 사람에게 당하다

A 씨는 회사에서 유능하고 성실한 사람이었다. 업무 역량이 뛰어나고 선후배 동료와의 관계도 원만했다. 입사 초기부터 선배 B 씨와 친하게 지냈고, 중요한 순간마다 B 씨의 조언을 따랐다. B 씨는 늘 "네가 잘되길 바라는 마음에서 하는 말이야"라며 다정하게 조언해주었다. A 씨는 점점 B 씨에게 의존하게 됐다.

하지만 언젠가부터 A 씨에게 의외의 소문이 들려왔다. B 씨가 뒤에서 A 씨를 깎아내리고 다닌다는 것이다. 중간에 지인들이 넌지시 그런 사실을 전해줘도 A 씨는 그 말을 믿지 않았다. 그러나 시간이 지날수록 결정적인 순간마다 B 씨가 A 씨를 곤란한 상황에 빠뜨렸다는 정황이 분명해졌다. 믿었던 조언이 다른 의도를 숨긴 복선이었다는 걸 깨달았을 때, A 씨는 이미 돌이킬 수 없는 타격을 입은 뒤였다. 알고 보니 B 씨는 겉으로는 A 씨를 지원하는 척하면서 뒤로는 그를 깎아내리는 행동을 반복하고 있었다. 결국 결정적인 순간에 A 씨는 B 씨에게 뒤통수를 맞았다. 충격에 휩싸인 A 씨는 그제야 사실을 어느 정도 깨달았지만, 되돌리기엔 이미 너무 늦었다. 그런데 그런 일을 겪고 난 후에도 여전히 A 씨의 마음속에는 '설마?' 하며 자기 생각을 완전히 바꾸지 않은 측면이 존재했다.

이 사례는 심리학자 에이미 에드먼슨이 강조하는 '심리적 안전감의 부재'라는 현상의 극단적인 형태로 볼 수 있다. 에드먼슨의 연구에 따르면 신뢰가 부족한 조직에서는 구성원들이 위축되며, 가스라이팅은 이런 환경을 더욱 악화시켜 피해자로 하여금 자신의 현실 인식과 판단력마저 의심하게 만드는 심리적 조정 행위이다.

가스라이팅의 전형적 특징

미국의 심리학자 스테파니 몰턴 사키스는 저서 《가스라이팅》에서 가스라이팅의 대표적 징후를 제시하며, "그들은 우리 주변 어디에나 있다. 벗어날 수 있을 때 벗어나라"라고 강조했다. 그가 소개한 주요 특징은 다음과 같다.

상대의 약점을 집중적으로 공략한다
피해자의 불안과 취약한 부분을 파악해 공략함으로써 상대가 자존심을 낮추고 무기력감을 갖게 만든다.

거짓말, 비난, 책임 전가를 반복한다
설사 가해자의 잘못이 드러나도 자신의 잘못을 인정하지 않고,

"네가 너무 예민해서 그래"와 같이 피해자에게 책임을 돌린다. 피해자의 현실 인식을 교란한다.

무책임과 남 탓

"내가 그렇게 말한 게 아니라 네가 오해한 거야"와 같은 식으로 문제의 원인을 상대나 외부 요인으로 돌린다.

특별 대우

"나는 너를 위해서 이렇게까지 해줬는데 왜 네가 날 이해 못해?"와 같은 말로 피해자에게 죄책감과 심리적 부채의식을 지우려 한다.

조건부 사과와 희생을 강요

"그런 의도가 아니었어"와 같은 표현으로 진실한 사과 대신 피해자의 반응이 과장된 것처럼 몰아간다. 또 "나는 너를 위해 희생했는데, 넌 왜 이렇게밖에 못해?"와 같은 말을 해 피해자에게 부채의식을 심어 조종하려 한다.

가스라이팅은 가까운 곳에 있다

가스라이팅은 개인 간의 차원을 넘어 기업이나 조직, 사회, 더 나아가 국가 전체에 심각한 영향을 미칠 수 있다. 이 심리 조작의 구조는 권력이 작동하는 모든 관계, 즉 가족, 학교, 직장, 정치, 심지어 고객과 기업 간의 관계 등에서 발생할 수 있다. 특히 권력자가 일방적으로 힘을 행사하는 조직일수록 가스라이팅에 더 취약한 환경이 조성되며, 이는 조직의 평판위기로 이어질 수 있다.

한국에서 가스라이팅에 대한 인식을 확산시킨 중요한 계기가 드라마 〈SKY 캐슬〉이다. 이 드라마에서 입시 코디네이터(김주영 분)는 학부모와 학생을 치밀하게 심리적으로 통제하며, 그들의 불안과 욕망을 교묘히 자극한다. 이는 가스라이팅의 전형적 유형이다. 〈SKY 캐슬〉은 높은 시청률을 기록하고 사회적 반향을 일으키며 정상적인 인간관계에서조차 가스라이팅이 발현될 수 있음을 보여줬.

2024년 초 방영된 tvN 드라마 〈내 남편과 결혼해줘〉 역시 친구관계 안에서 가해자 캐릭터가 정서적 왜곡과 통제를 반복하며 피해자의 자존심과 자율성을 무너뜨리는 장면을 사실적으로 묘사해 많은 시청자에게 공감과 경각심을 불러일으켰다. 2022년 전주국제영화제와 서울국제여성영화제에서 상영된 영화 〈사랑의 고고학〉(감독 이완민)은, 연인 인식이 영실에게 반복적으로 가스라이팅을 가하는 장면들을 통해 피해자가 느끼는 무력감과 혼란을 관객으로 하여금

체험하게 하는 작품이라는 평가를 받았다.

가스라이팅은 연예계, 기업과 소비자 관계에서도 존재하며, 정치권에서의 가스라이팅은 더욱 노골적이고 흔하며 가장 위험한 형태로 등장한다. 자신이 저지른 실수를 감추기 위해 상대를 더욱 강하게 공격하거나, 여론을 조작해 진실을 왜곡하는 방식이 일반적이다. 국민에게 거짓 정보를 반복적으로 주입하고 기억과 판단을 조작하는 방식이다.

실제 경영 현장에서도 가스라이팅의 위험성은 꾸준히 지적되고 있다. 미국의 심리학자 미타 말릭은 〈하버드 비즈니스 리뷰〉에 발표한 칼럼 〈How to Intervene When a Manager Is Gaslighting Their Employees(관리자의 가스라이팅에 어떻게 대응할까)〉에서 '직장 내 가스라이팅이 생각보다 훨씬 흔하다'라고 진단했다. 그는 직장에서의 가스라이팅이 직원들의 정신 건강과 업무 성과, 직장 문화와 생산성에 심각한 부정적 영향을 미칠 수 있다고 지적했다.

예를 들어 상사가 부하 직원의 성과를 인정하지 않고, 반복적으로 "너는 아직 멀었어.", "이 정도로는 부족해"라고 하면서도 "널 키우기 위한 말이야"라고 한다면 이는 명백한 심리 조작이라 할 수 있다. 이런 상황이 지속된다면 직원은 자존감을 잃고, 자신의 판단력을 의심하게 되며, 결국 상사에게 의존적인 존재로 변한다. 조직은 개인의 자율성과 다양성을 잃고, 획일화된 분위기로 굳어지며, 이는 장기적으로 조직 문화 자체를 병들게 만든다.

이처럼 가스라이팅은 멀리 있는 비현실적 이야기가 아니라, 우리의 곁과 당신의 조직 범위 안에서 실제로 일어나고 있다. 이것이 평판위기의 출발점이 될 수 있다.

What to do

☑ **스스로를 믿어라.**

가스라이팅은 자기 회의와 불안을 심는 전략이므로, 자신의 가치와 직관을 긍정적으로 믿는 습관이 중요하다. 과도하지는 않게, 스스로의 가치관에 대한 자신감을 유지해야 한다.

☑ **상대를 믿되 한 걸음 물러서서 생각하라.**

한 사람의 말이나 주장에만 맹목적으로 따라가지 말고, 객관적으로 상황을 재평가하는 시각과 노력이 필요하다. 심리학자 대니얼 카너먼은 자신의 직관을 의심하는 순간이 가장 현명한 순간이라고 조언한다. 즉, 현 상태에 대한 자신의 마음을 무비판적으로 신뢰하기보다는 한 번 더 점검하는 태도가 합리적인 판단에 도움이 된다는 이야기다.

☑ **명확한 경계를 설정하라.**

가스라이팅 가해자와의 관계에서는 '내 의견은 존중받아야 한다'라는 태도를 명확히 드러내고, 심리적으로 지나치게 의존하지 않는 건강한 거리를 유지해야 한다. 전문가에 의하면 누구나 인간관계에서 가스라이팅 피해 또는 가해 경험이 있을 수 있다. 자기방어를 위해 가스라이팅을 종종 하기도 한다. 중요한 것은 이를 인식하고, 의식적으로 건강한 관계를 추구하는 노력이다.

공격수와 수비수

> 현명한 군주는 인재를 등용함에 있어서 원수라도 기피하지 않고,
> 친소를 가리지 않으며, 오직 재능만을 보고 등용한다.
> -《한비자》〈주도〉편

다른 DNA, 다른 자리

"성을 공격할 때와 수비할 때는 전략이 달라야 한다." 이 단순한 명제는 전쟁에서만 적용되는 원칙이 아니다. 기업 경영과 인재 운용에서도 공격과 수비의 전략은 달라야 한다. 기술과 방식은 물론, 무엇보다 인재의 선택부터 달라야 한다. 그럼에도 많은 조직은 이 자명한 원리를 무시하거나, 상황에 맞는 판단을 하지 못해 위기를 자초하곤 한다.

스포츠의 세계를 보면 더 명확해진다. 예를 들어 축구 선수를 단지 운동 능력이 뛰어나다는 이유 하나로 갑자기 농구 코트에 투입하면 곧바로 좋은 성적을 낼 수는 없다. 물론 기본적인 운동신경이나 체력이 뛰어나 일반인보다 적응이 빠를 수는 있지만, 짧은 시간 내에 최고의 실력을 발휘하기를 기대하는 것은 비현실적이다.

미식축구는 역할 분담이 더욱 분명하게 이뤄지는 스포츠다. 미국 프로풋볼리그 NFL 기준으로, 한 팀에 보통 53명의 선수가 등록되어 있으며, 경기 상황에 따라 공격팀, 수비팀, 특수팀이 엄격히 구분된다. 경기 중 필드에 나서는 11명은 오로지 '공격' 혹은 '수비'에 특화된 역량을 보유한 전문가들이다. 공격 상황에서는 빠른 판단력과 창의성, 과감한 결정력이 요구되지만 수비 상황에서는 신중한 판단, 침착함 그리고 상대의 움직임을 읽는 집중력이 핵심이다. 이처럼 하나의 팀 안에서도 상황별로 전혀 다른 'DNA'가 요구된다.

이 원리는 기업과 정부, 그리고 다양한 조직에도 그대로 적용된다. 글로벌 컨설팅 회사 맥킨지는 조직의 성장 단계나 특수 상황에 따라 요구되는 리더십 스타일이 다르다고 강조한다. 예를 들어, 성장기나 신사업 추진, 위기 극복이 필요한 시기에는 '혁신형' 혹은 '공격형' 리더가 적합하며, 조직이 내실을 다지고 질서를 정비해야 할 때는 '관리형' 혹은 '수비형' 리더십이 더 효과적이다.

하지만 실제 조직 운영에서는 문제점이 빈번히 발생한다. 과거 실적이나 친소 관계, 혹은 겉모습과 명성을 기준으로, 그의 역량이나 리더십, 경험과 인성 등을 면밀하게 고려하지 않고 특정인을 중요한 자리에 앉히는 경우가 많다. 그러다 보니 맡은 역할과 현실이 맞지 않아 기대와 다른 결과가 도출되고, 조직이 당황하게 되면서 위기를 불러오는 경우가 빈번하다.

이러한 실패의 핵심 원인은 그 인물이 유능하지 않아서가 아니라 현재 이 자리, 이 시기, 이 역할에 적합하지 않기 때문이다.

실패한 인사 배치의 비극

한 중견그룹 오너 A 씨에게는 오랜 신뢰를 쌓아온 후배 B 씨가 있었다. B 씨는 A 씨와는 전혀 다른 업종에서 활동해왔지만, 논리적 사고력과 추진력 등이 뛰어나, A 씨는 그를 높이 평가했다.

A 씨는 자회사 CEO 자리가 비자, 과감하게 B 씨를 그 자리에 임명했다. 주위에서 "업종 차이를 고려하지 않은 무리한 인사"라는 우려가 제기됐지만, A 씨는 자신의 안목을 믿었고, '유능한 사람은 어떤 분야에서도 성과를 낼 수 있다'라는 확신으로 임명을 밀어붙였다.

그러나 결과는 기대와 달랐다. B 씨는 취임 후 자신의 특유한 방식대로 공격적 확장 전략을 폈다. 현업 구성원들과의 소통도 원활하지 않은 상태에서 우려와 이견이 나왔지만, 결정권은 B 씨에게 집중돼 있었다.

여러 요인이 겹치면서 B 씨의 판단은 실패로 끝났고, 회사는 큰 손실을 감수해야 했다. B 씨는 오래지 않아 그 자리에서 물러나야 했다.

이 실패의 본질은 B 씨 개인의 역량 문제가 아니었다. 핵심은 '역할과 능력의 부조화'에 있었다. 냉엄한 현실은 "유능한 사람이 모든 곳에서 유능한 것은 아니며, 신뢰가 곧 능력 검증을 대신할 수 없다"는 교훈을 안겨주었다.

학자이자 컨설턴트인 리처드 보야치스는 '역량 기반 이론Competency-Based Theory'을 주창했는데, 특정 직무에서 높은 성과를 내기 위해서는 해당 직무에 요구되는 특정한 지식·기술·태도(KSA)를 갖추고 있어야 한다고 강조했다. 즉, 아무리 뛰어난 능력을 지닌 사람이라도 새로운 직무가 요구하는 역량이 다를 경우, 이를 습득하고 내재화하는 데 시간이 필요하며, 그 이전에는 성과를 내기 어렵다는 것이다.

B 씨가 자신의 강점을 발휘할 수 있는 분야의 일을 맡았다면, 혹은 일정 기간 옮겨간 업종을 경험할 기회가 있었다면 결과는 달라졌을 수도 있다. 또한, B 씨가 조금 더 겸손한 자세로 신중하게 접근했더라면 A 씨의 결단이 좋은 결실로 이어졌을지도 모른다. 그러나 그런 과정은 없었다.

이 사례는 아무리 유능한 인재라도, 조직 문화와 업종에 대한 이해 없이 무리하게 배치되면 실패할 수밖에 없다는 점을 분명히 보여준다.

과거 인식과 허명

정치 분야에서도 이러한 오류는 빈번하게 발생한다. 통상 선거 이후 새로운 정부가 출범할 때 고위 공직자의 대규모 교체가 진행된다. 이 과정에서 모든 인사가 실무 능력이나 전문성을 기반으로 이뤄지는 것은 아니다. 인사권자와의 개인적 관계, 정치적 성향, 선거 기여도 등이 직간접적으로 영향을 주는 것이 공공연한 현실이기도 하다. 문제는 이러한 정치적 균형이나 순환 원리가 실무 현장에서의 정책 수행 역량과 충돌할 때 생긴다.

장·차관, 산하 기관장, 공기업 임원 등의 위치는 조직을 설계하고 실행을 지휘해야 하는 자리다. 전문성과 리더십 없이 그런 자리에 오르게 될 경우, 정책 집행의 오류 가능성이 커지고, 그 비용은 결국 국민과 기업이 부담하게 된다.

오늘날 많은 이들이 신문이나 방송, 유튜브 등을 통해 자신의 이름과 존재감을 알리려 노력한다. 이는 커뮤니케이터로서의 영향력과 자신의 브랜드 가치를 높이는 데는 도움이 될 수 있지만, 이런 식으로 '보이는 이미지'와 실무 능력, 리더로서의 역량은 구분되어야 한다. 전문가처럼 보이는 사람이 반드시 실전에서도 뛰어난 성과를 내는 것은 아니며, 자문·코멘트·이론과 실전은 다르다. 운동 해설가가 항상 뛰어난 선수가 아닌 것과 같은 이치다.

학계나 이론 중심 전문가들이 정책 결정이나 조직 운영 등에서 중요한 역할을 부여받는 경우가 많지만, 막상 현실에서는 어려움을 겪고 퇴장하는 사례도 적지 않다.

따라서 명성이나 화려한 언변보다 실제 문제 해결 능력을 갖춘 인물인지 구별하는 합리적 인사 시스템이 필요하다. 위기관리 측면에서 이러한 기준은 더욱 중요하다.

기업에서도 마찬가지로, 과거에 뛰어난 성과를 낸 인재가 늘 모든 상황에서 뛰어난 역량을 발휘할 것이라고 가정하는 승진 관행이 흔히 나타난다. 하지만 현장 전문가와 전략가, 최고 의사결정권자에게 요구되는 능력은 서로 다를 수 있다.

스태프로서 능력을 인정받던 사람이, 더 넓은 관점과 정무 감각을 포함한 종합 판단이 요구되는 최고경영자 자리에 올랐을 때 어려움을 겪는 사례도 존재한다. 반대로, 더 높은 책임과 권한이 주어질 때 비로소 강점을 드러내는 경우도 있다.

예를 들어 생산현장에서 뛰어난 성과를 낸 기술자가 갑자기 경영기획이나 조직 전체를 관리하는 역할을 맡게 되면, 새로운 역량이 요구되어 어려움을 겪을 수 있다. 마케팅에서 두각을 나타낸 사람이 인사 관리 업무로 자리를 옮겼을 때도 기대만큼 적응하지 못할 수 있다.

로런스 J. 피터는 저서 《피터의 원리》를 통해 "조직에서는 사람들이 자신의 성공 경험과 성과를 바탕으로 점점 더 높은 직책으로 올라가지만, 결과적으로 자신의 역량을 초과하는 자리에 도달하게 될 수 있다"고 설명했다. 이는 조직 내 인사 관리와 승진 체계에서 역할과 역량의 적합성 평가가 중요하다는 점을 시사한다. 즉, 과거의 성공이 미래의 성공을 보장하지 않으며, 모든 사람이 모든 직책에서 유능할 수는 없다는 점을 강조하고 있다.

이러한 판단 오류를 범하는 주요 원인으로 '성공 경험의 일반화'와 '과대평가'를 들 수 있다. 사람들은 한 분야에서 뛰어난 성과를 보이면 다른 일도 잘할 것이라는 착각에 빠지기 쉽다. 이런 '후광 효과Halo Effect'는 심리학 연구에서 꾸준히 입증된 현상이며, 이미 1920년 미국의 심리학자 에드워드 손다이크의 군 장교 평가 연구에서 명확히 제시된 바 있다. 과거의 호의적 평가가 현재 역량까지 자동으로 적용된다고 믿는 것이 조직 내에 깊숙이 자리 잡은 '호의적 귀인' 오류다.

또 다른 함정은 '기억의 관성'에 있다. 신입 시절 '일 잘하던' 사람은 시간이 지나도 여전히 '유능한 사람'으로 인식되는 경향이 있다. 하지만 직급이 올라갈수록, 역할이 변할수록 요구되는 덕목과 리더십은 달라진다. 그럼에도 불구하고 과거의 성공 경험이 현재의 역할에 자동으로 이어질 것이라는 착각은 인사 실패의 주요 원인 중 하나다. 특히 위기 상황일수록 사람들은 익숙하고 믿을 만한 인물에게 중책을 맡기려는 경향이 강해진다. 그러나 이러한 결정이 오히려 조직을 더 큰 위기에 빠뜨릴 수 있음을 간과해서는 안 된다.

스티브 잡스와 팀 쿡의 협업은 적재적소 인사의 모범 사례로 꼽힌다. 잡스는 제품 철학과 디자인, 고객의 숨겨진 욕망을 파악하는 데 천재적이었고, 쿡은 글로벌 공급망과 운영 최적화에 강점이 있었다. 월터 아이작슨의 스티브 잡스 전기에 따르면, 잡스는 자신의 약점을 인정하고 이를 보완할 수 있는 인재로 쿡을 선택해 COO로 영입했다고 한다. 잡스가 창조했다면, 쿡은 이를 수익으로 연결했다. 각자의 DNA가 명확히 구분되었기에, 애플은 창조와 실행을 동시에 이뤄낼 수 있었다.

What to do

☑ **사람이 아니라 역할을 본다.**

　　인사의 핵심은 사람 중심이 아니라 '역할 중심'에 있다. 해당 직무에 필요한 역량을 먼저 정의하고, 그 요건에 맞는 인재를 선발하는 것이 중요하다.

　　대표적인 사례가 구글의 '프로젝트 옥시젠'이다. 구글은 수천 명의 직원 데이터를 장기간 분석해, 효과적 팀 리더에 필요한 8가지 핵심 역량을 도출하고, 이를 기준으로 인재를 선발·배치했다. 그 결과, 팀 성과와 직원 만족도가 동시에 향상되었다.

☑ **옛날 생각, 선입관은 경계하라.**

　　한 분야에서 성공한 사람이 다른 분야에서도 성공할 것이라는 가정은 위험하다. 인사 결정에서 객관적 데이터와 다양한 평가 도구(심층 인터뷰, 역량 평가, 레퍼런스 체크 등)를 적극적으로 활용해 개인적 편향을 줄여야 한다.

　　아마존의 '바 레이저Bar Raiser' 제도는 이러한 편향 최소화의 대표적 사례이다. 바 레이저는 채용 공식 팀과 별개로, 객관적 기준과 절차에 따라 지원자를 의미 있게 평가하는 독립적 담당자다. 이들은 최종 채용 과정에서 거부권까지 행사할 수 있을 정도로 강한 권한을 갖고 있다.

☑ **적응 기간을 가져라.**

　　새로운 역할이나 환경에 처한 인재에게는 어느 정도의 전환 기간과 적응 프로그램이 필요하다. 아무리 뛰어난 인재라도 낯선 조직의 내부 시스템과 문화, 구성원을 파악하는 데는 시간이 필요하다. 새 일을 맡은 사람은 짧은 시간에 성과를 내겠다는 욕심을 버리고, 조직과 오너 혹은 인사권자는 그에게 체계적인 온보딩Onboarding 및 역량 강화 프로그램을 제공해야 한다. 특히 위기 대응에서, 대상 기업이나 조직의 실력, 인적 구성, 상호 역학 관계와 배경 등 종합적이고 깊은 내용을 모르고는 효과적인 컨설팅과 대처가 어렵다.

5장

미디어를 알아야 위기관리가 가능하다

미디어의 실체를 이해해라

> 언론은 위기 상황에서 든든한 조력자가 될 수도 있고,
> 위기를 증폭시키는 요인이 될 수도 있다.
> 그 차이는 언론을 어떻게 대응하고 관리하느냐에 달려 있다.
> -티모스 쿰스,《위기관리 커뮤니케이션》

언론은 불이자 칼,
잘못 다루면 데이고 베인다

"기자는 도대체 뭐 하는 사람인지 모르겠어.", "요즘 기자들, 정말 문제야!", "언론이 바로 서야지!" 이런 말을 많이 들어보았을 것이다. 우리 주변에는 이렇게 이야기하는 사람이 꽤 많다. 독자 여러분도 이런 식의 말을 한 적이 있을 것이다. 그렇다면 이렇게 되묻고 싶다. "기자는 정확히 누구를 말하는 것인가?", "언론이 무엇을 뜻하는가?" 당신은 이 질문에 어떻게 답하겠는가?

현대 사회에서 언론과 미디어의 역할은 과거 그 어느 때보다 강력하다. 언론과 미디어는 정보의 전달자이자 해석자이며, 동시에 평판위기를 촉발하고 증폭시키는 가장 강력한 도구다. 개인과 조직을 영웅과 승자로 만들었다가, 한순간에 패배자나 괴물로 추락시킨다. 사회적인 병폐를 파헤치기도 하지만 서로 싸움을 붙이고 갈등과 논란을 부추기기도 한다.

문제는 대부분의 조직과 개인이 이 거대한 힘을 앞에 두고도 기본적인 메커니즘과 작동 방식도 제대로 이해하지 못한 채 대응하다가 위기를 자초하거나 상황을 악화시키는 경우가 허다하다는 점이다.

누구나 언론의 중요성을 강조하고 때로는 비판하며 불만을 토로하지만, 정작 미디어와 언론의 메커니즘과 실체를 조금이라도 이해하려는 사람은 많지 않다. 물론 일반인이 언론과 기자에 대해 자세히 알 필요가 없고, 실제로 잘 알기도 어렵다. 그렇지만 언론의 중요성을 절감하며 자주 거론하고 비판하는 사람이라면, 또 위기 대응을 위해 필요한 상황이라면, 언론의 기본적인 속성 정도는 이해하고 있어야 한다.

더구나 각종 위기에 노출된 사람과 조직, 혹은 관련 업무를 담당하고 있는 사람들에게는 언론 이해가 필수적이다. "알아야 면장(免丈)"이라고 했다. 어떤 일을 하려면 그것에 대해 기본적인 지식을 갖추고 돌아가는 사정은 알고 있어야 한다는 의미이다. 《손자병법》에서도 "지피지기 백전불태(知彼知己 百戰不殆)"라 했다. 적과 나를 알면 백 번 싸워도 위태롭지 않다는 뜻이다.

언론과 미디어가 어떻게 작동하는지 모르면 그 칼날에 베이게 된다. 언론을 아느냐 모르느냐에 따라 위기의 늪에서 빠져나오느냐 아니면 그 수렁에서 벗어나지 못하느냐가 판가름 난다.

팽창하는 미디어와 신뢰의 위기

'기자'는 누구를 가리키는 것인가? 바로 서야 한다는 '언론'은 무엇을 지칭하는 말인가? 흔히 조선·중앙·동아일보(소위 '조중동')와 같은 전통 언론이나 KBS, MBC, SBS와 같은 지상파 방송, 주요 종합편성채널 등 규모 있고 오래된 레거시 미디어와 그곳에 소속된 기자들을 떠올릴 것이다.

그러나 실제 미디어 생태계는 예상보다 훨씬 넓고 복잡하며, 기술의 발전과 함께 기하급수적으로 확장되었다. 2024년을 기준으로, 문화체육관광부에 등록된 정기간행물은 약 2만 6,000개이며, 그중 약 1만 1,850개가 인터넷신문으로 분류된다. 이는 10년 전보다 40% 가까이 증가한 수치다. 디지털 전환과 AI 기술의 발전은 기자의 역할과 뉴스 유통 구조를 근본적으로 변화시켰다. 전통 미디어와 뉴미디어는 이제 하나의 생태계 안에서 혼재하며 작동하고 있다.

예컨대 국회에는 공식적으로 300명의 국회의원이 있지만, 이들을 취재하는 등록 출입 기자 수는 1,700명 이상 된다. 대통령실 출입 기자도 수백 명에 이른다. 한국기자협회에 등록된 현직 기자 수는 1만 3,000명을 훌쩍 넘는다. 여기에 더해 유튜버, 팟캐스터, 블로거, SNS 인플루언서 등 뉴스를 전달하고 해석하는 수많은 콘텐츠 생산자가 존재한다. 이들은 전통적인 언론사 소속은 아니지만, 현장에서 '기자'를 자처하며 활동한다. 실제로 대중은 이들의 콘텐츠를 뉴스처럼 받아들인다.

한국언론진흥재단이 간행한 《디지털 뉴스 리포트 2023》에 따르면, 한국인의 뉴스 소비 경로 중 1위는 '온라인 플랫폼(72.8%)'으로, 전통 TV 뉴스 소비(59.2%)를 앞질렀다. 20~30대에서는 유튜브가 뉴스 소비의 주요 창구로 등장한다. 그 세대의 52.7%가 유튜브를 통해 시사 정보를 접한다는 통계가 있다. 심지어 한 정치인은 자신의 유튜브 채널에서 스스로를 '현장 기자'로 소개하며, 콘텐츠를 통해 메시지를 전달한다. 실제 뉴스 현장에서도 수많은 유튜버가 스마트폰을 들고 취재 활동을 하며 영향력을 행사하고 있다.

우리는 이제 전 국민이 정보 생산자가 된 시대에 살고 있다. 정보 유통과 여론 형성은 전통 언론만이 전담하지 않으며, 그 누구도 이 생태계를 완전히 통제할 수 없다. 제작자와 수용자의 경계가 흐려진 이 구조 속에서, 미디어는 점점 더 '참여형 시스템'으로 변모하고 있다.

미국 미디어학자 헨리 젠킨스는 이를 '참여 문화Participatory Culture'로 설명한다. 과거의 미디어 소비자들은 일방적으로 뉴스를 수용하는 입장이었지만, 지금은 직접 콘텐츠를 생산하고 유통하면서 언론의 역할 일부를 수행한다. 즉, 전통적인 언론과 대중 사이의 경계가 허물어진 환경이 형성되었다. 유명한 미디어 이론가 클레이 셔키는 자신의 저서 《끌리고 쏠리고 들끓다》에서 이러한 현상을 두고 "우리는 모두가 언론 매체"라고 표현했다.

매체 수와 채널이 늘면서 정보량도 폭발적으로 증가했다. 문제는 이런 추세 속에서 제대로 검증되지 않은 정보 역시 급속도로 늘어났다는 점이다. 유튜브, 인터넷 포털, SNS에서 생성되는 정보는 제대로 검증되지 않은 경우가 많다. 출처가 불분명한 뉴스, 조작된 영상, 악의적인 루머가 실시간으로 확산된다. UCSD(University of California, San Diego)의 2009년 연구에 따르면, 현대인은 하루 평균 34GB에 달하는 방대한 정보를 소비하고 있다. 이는 신문 수만~수십만 쪽에 해당하는 엄청난 양인데, (이 자료는 오래된 것이라) 지금은 그 규모가 훨씬 늘었을 것은 자명한 일이다. 이런 정보의 홍수 속에서 무엇이 진실인지 혼란을 느끼는 이들이 전 세계적으로 59%에 이를 만큼(2024년 에델만 신뢰도 지표 조사 결과), 과잉 정보는 오히려 신뢰할 수 있는 정보를 가리는 장해가 되고 있다.

지금 미디어 환경이 혼란스럽고 평판위기 노출이 커지는 것은 이상한 일이 아니다. 전통 언론사처럼 수백 명의 기자와 검증 절차를 갖춘 조직도 있지만, 사실상 1인 조직에 가까운 매체나 유튜브 채널조차 '언론'으로 인식되고, 운영자 역시 '기자'로 불린다. 정치, 경제, 연예, 스포츠 등 다양한 분야에서 수많은 '기자'들이 활동하고 있지만, 모두가 전문적인 훈련을 받지도 않았고 그들 전부가 취재 과정에서 엄격한 윤리 기준을 지키고, 사실 확인 절차를 거치는 것은 아니다.

그 결과 감각적이고 자극적인 제목, 속도 경쟁, 정확하지 않은 보도와 비전문적 해석이 넘쳐나며, '기레기', '가짜 뉴스'와 같은 신조어가 생겨날 정도로 부정확하고 신뢰할 수 없는 정보의 양산이 구조적 문제로 자리 잡고 있다. AI의 발달은 이런 현상을 더욱 심화시키고 있다.

이러한 환경은 실제 피해 사례 증가로 이어진다. 언론중재위원회에 접수된 언론 보도 피해 조정 신청 건수는 크게 늘었다. 2011년 2,124건이었던 조정 신청 건수는 2021년 4,278건으로 급증했다. 최근 증가세는 주춤하지만 여전히 연간 약 4,000건에 이른다.

언론중재위원회와 법원에 대한 구제 신청, 정정 보도 청구 등이 늘고 있지만, 명예회복이나 실질적 피해 복구까지 연결되기는 쉽지 않다. 기사가 일단 널리 퍼지고 나면 그로 인해 형성된 부정적 이미지는 보도가 정정되거나 삭제돼도 회복하기 매우 어렵다. 의혹이 제기될 때는 여러 매체에서 대대적으로 다루지만, 이것이 오보로 밝혀지거나 사실이 바로잡힐 때는 후속 보도가 빈약하거나 아예 없는 경우가 많다.

이런 현상은 한국만의 문제가 아니다. 미국에서는 '시민 저널리즘'의 흐름 속에 비전문가에 의한 뉴스 생산이 늘고 있고, 유럽에서는 기존 언론사 영향력이 약화되는 대신 독립 미디어가 부상하고 있다. 일본 역시 디지털 미디어와 전통 매체 사이에서 균형을 모색하는 중이다. 이준웅 교수의 연구에 따르면, 전 세계적으로 취재력과 전문성보다는 확산력, 속도, 자극성이 언론 영향력의 핵심으로 부상하고 있다.

실제로, 미국 컬럼비아대학 로버트 샤피로 교수는 2024년 6월 SIPA(School of International and Public Affairs) 뉴스 Q&A에서 소셜 미디어의 부정적·선정적 보도, 허위 정보가 여론과 사회 인식에 미치는 파급력이 크다고 지적했다. MIT의 관련 연구에서도 허위 정보가 진실보다 더 빠르고 넓게 퍼진다는 사실이 입증되고 있다.

언론에 대한 오해와 편견

언론을 대하는 데 있어 가장 큰 문제 중 하나는 편견과 오해다. 많은 사람이 자신과의 친소관계에 따라 기자나 언론을 '내 편, 네 편'으로 나누는 경향을 보인다. 내게 유리하면 '좋은 기사', 불리하면 '나쁜 기사'로 인식한다. 정치권은 특히 심하다. 팩트보다 진영 논리에 따라 언론과 기자에 대한 평가와 평판이 달라지고, 이로 인해 언론 보도에 대한 객관적 평가가 점점 어려워지고 있다.

기자라는 직업에 대해 편협한 상식이나 제한된 경험만으로 단정 짓는 경우가 많다. 시각장애인에게 코끼리를 만져본 후 그림을 그려 보라고 했을 때, 한 사람은 귀를 만진 후 부채 같다고 했고, 다른 사람은 다리를 만진 후 기둥 같다고 했고, 또 다른 사람은 꼬리를 만져본 후 새끼줄 같다고 했다는 얘기가 있듯이, 일부 경험만을 바탕으로 전체를 판단하는 착각이 언론에 대해서도 자주 재생산된다.

하루는 한 지인이 씩씩대면서 "기자들 정말 의리 없다"라며 화를 냈다. 이유를 물었더니 "며칠 전 밥 같이 먹은 기자가 나와 우리 회사에 부정적인 기사를 썼다"라고 대답했다. 어떤 기업 임원은 "그 기자가 있는 언론사 높은 사람을 안다고 했는데도 우리 회사에 나쁜 폭로 기사를 섰다"는 불만을 토로하기도 했다. 반대 경우도 있다. 누군가가 "아 그 친구 우리 편이지"라며 의기양양하기에 왜 그러냐고 물었더니, 자기 회사에 유리한 기사를 써줬다고 답했다. 그런데 그러다가 부정적인 기사가 나오면 언제 그랬냐는 듯이 등을 돌린다. "의리 없는 X…" 하고 욕하면서 말이다.

기자는 상황과 정보, 사실에 근거해 기사를 쓰는 '전문가'일 뿐, 특정 집단의 편에 서는 친구나 적이 아니다. 미국의 PR 전문가 프레이저 시텔은 《The Practice of Public Relations(PR 실무)》에서 "많은 조직이 언론을 대할 때 가장 큰 실수는 기자를 친구로 여기거나 적으로 여기는 것"이라고 강조했다. "기자는 당신의 친구도, 적도 아닌, 직업을 가진 전문가"라는 그의 메시지는 오늘날 더욱 유의미하다.

언론은 '두 얼굴'을 가진 존재다. 잘 활용하면 약이 되지만, 잘못 대하면 독이 된다. '불'과도 같다. 불은 너무 멀리하면 얼어 죽고, 너무 가까우면 타 죽는다고 한다. 적절한 거리와 균형 감각이 필요하다. 세계적 PR 전문가 피터 샌드만은 미디어와 조직의 관계에서 "적절한 거리와 올바른 대응이 중요하다"고 역설했다.

언론과의 관계도 이해와 거리, 균형을 갖춘 접근만이 좋은 결과를 만든다. 따라서 조직의 리더일수록 언론에 대한 균형 감각이 필요하다. 오해와 편견을 딛고 언론에 대해 최소한의 상식과 균형 감각을 갖는 것은 이제 고위직의 '필수 자질'이다.

What to do

☑ **언론과 미디어 공부 좀 하라.**

CEO, 임원, 기관장 등 조직의 '얼굴'이 되는 자리에 있는 사람이라면 언론의 생리, 구조, 작동 원리를 최소한이라도 이해하려는 노력이 필요하다.

오늘날 글로벌 기업에서 미디어 트레이닝은 리더십의 핵심 역량으로 자리 잡고 있다. 실제 언론인을 초청해 토론을 진행하거나, 교육 과정에 필수 모듈로 편입해 운영하는 경우가 늘고 있다. 하버드의 경영자 교육과정 또한 크라이시스 커뮤니케이션Crisis Communication과 미디어 릴레이션Media Relations 같은 주제를 포함해 현직 언론인과 함께하는 모의 인터뷰와 실습 훈련을 진행한다. 이는 위기 상황에서 리더가 언론을 상대로 어떤 메시지를, 어떤 태도와 방식으로 전달하느냐가 곧 조직의 신뢰와 평판을 좌우한다는 인식을 제도화한 것이다.

이러한 흐름은 국내에서도 확산되고 있다. 한국은행은 주요 간부와 지역본부장 등을 대상으로 미디어 트레이닝과 커뮤니케이션 강의를 정례화하고 있으며, 유튜브 콘텐츠 제작과 글쓰기 교육까지 아우르는 '내·외부 소통 역량 강화 프로그램'을 운영하고 있다. SK 등 대기업 역시 임원 교육 과정에 언론 대응 훈련을 포함시켜, 실전 인터뷰와 메시지 설계 능력을 체계적으로 강화하고 있다. 이는 단순한 홍보 기술을 넘어, 위기 대응 역량을 조직 차원의 리더십 교육 핵심으로 격상시키는 흐름이다.

언론 플레이의 두 얼굴

언론은 지구상에서 가장 강력한 존재다.
그들은 무고한 이를 유죄로 만들 수 있고, 유죄인 이를 무고하게 만들 수 있다.
그것이 바로 권력이다.
- 말콤 엑스

언론 플레이의 본질과 현대적 의미

2024년 4월 25일, 서울 서초구에서 열린 한 긴급 기자회견은 언론과 대중의 관심을 집중시켰다. 회견 당사자 M 씨는 경영권 분쟁과 관련된 의혹에 대해 주주 간 계약을 근거로 반박하며 자신이 부당한 상황에 놓였다고 주장했다. 직설적 화법과 감정적 호소가 뒤섞인 그의 발언은 여론을 양분시켰다. 일부는 "솔직하다"는 긍정적 반응을 보였지만, 다른 한편에서는 "공시 석상에서 부적절하다"는 비판이 제기됐다.

기자회견 이후 여론의 흐름은 일시적으로 분화되었다. 그러나 상대 측 H사는 즉각 성명을 내고 "감정적 호소가 분쟁의 본질을 흐린다"는 취지로 반박했으며, 법적 대응 절차에도 착수했다. 이렇게 양측의 주장이 언론을 통해 맞부딪히면서, 사안은 단순한 경영권 갈등을 넘어 여론전을 통한 힘의 균형 다툼 양상으로 확산되었다.

이 사건은 위기 상황에서 공개 발언이 지닌 양날의 성격을 잘 보여준다. 직접 목소리를 내는 것은 지지 여론을 모으는 강력한 도구가 될 수 있지만, 동시에 감정적·즉흥적 표현은 새로운 논란의 불씨가 될 수 있다. 반대로, 조직적·법적 반박은 사실관계를 재차 강조하는 효과가 있지만, 지나치게 냉정하거나 방어적으로 비칠 위험도 있다. 결국 중요한 것은 누가, 언제, 어떤 메시지를, 어떤 태도로 전달한 것인가라는 전략적 판단이며, 이 균형이 위기 커뮤니케이션의 성패를 가른다.

언론 플레이는 단순한 보도자료 배포나 기자회견이 아니다. 그 이상이다. 그것은 메시지를 특정 방향으로 유도하고, 프레임을 설정하며, 대중 심리에 영향을 미치는 정교한 전략이다. 기업의 위기 대응, 정치인의 이미지 관리, 때로는 유명인의 개인사 관리까지, 언론 플레이는 모든 평판관리 전략의 한 축을 차지한다. 그 자체로 마치 체스의 한 수처럼 전략적이고 계산된 행동이다. 미국PR협회는 PR을 "전략적 커뮤니케이션 과정을 통해 조직과 그 공중 사이에 상호 유익한 관계를 구축하는 것"이라고 정의했다.

오늘날 '언론 플레이'는 더 이상 정치인의 전유물이 아니다. 기업이나 노동조합, 시민단체는 물론 개인까지도 여론 형성과 이미지 구축을 위한 전략적 언론 활용에 나서고 있다.

이러한 변화는 미디어 환경의 변화와 밀접한 관련이 있다. 디지털 미디어 시대에 접어들면서 평판관리의 중요성은 더욱 높아졌으며, 언론 플레이의 형태도 다양해졌다.

정부나 조직, 기업은 물론이고 심지어 개인도 문제가 생기면 '기자를 불러야겠다' 또는 '기자들에게 알리겠다'라고 생각하는 게 자연스러워졌다. 기사가 마음에 들지 않으면 기자를 욕하면서도, 막상 기자가 오지 않으면 행사나 발표의 의미를 축소시키곤 한다.

특히 주목할 점은 언론과 SNS가 결합하여 그 파급력이 더욱 증폭되는 최근의 경향이다. 이는 PR 전략이 단순히 언론 대응에 그치는 것이 아니라, SNS 확산까지 고려해야 함을 시사한다.

위기관리나 논쟁에서 가장 중요한 전략 중 하나는 프레임 전략이다. 자신에게 유리한 판에서 경쟁 혹은 전투를 하기 위한 것이다. 전쟁에는 '심리전'이 중요하다. 평판위기의 전장에서는 여론전이 그 역할을 한다. 그때 사용되는 무기가 바로 언론 플레이다.

조지 레이코프는 그의 저서 《코끼리는 생각하지 마》에서 '프레임은 우리가 세상을 바라보는 방식을 결정한다'고 강조했다. 언론 플레이는 이 프레임 전략에 있어 가장 강력한 창구 역할을 하고 있는 셈이다.

언론 플레이, 기회와 함정의 경계

언론은 평판위기 극복의 가장 강력한 도구가 될 수도 있지만, 이와 동시에 가장 위험한 함정이 될 수도 있다. 언론은 그 자체로 양날의 칼과 같다. 위기관리 전문가 티모시 쿰스는 "효과적인 위기 커뮤니케이션은 위기를 기회로, 잘못된 커뮤니케이션은 위기를 재앙으로 만든다"라고 말했다. 이는 언론 플레이가 가진 이중성을 단적으로 보여준다.

언론은 두 얼굴을 갖는다. 하나는 기회의 얼굴이다. 언론을 통해 불합리한 상황에 대한 해명을 시도하고, 기업이나 개인의 진정성을 보여줄 수 있다. 특히 위기 초기에 신속하고 진정성 있는 메시지를 전달한다면, 언론은 든든한 방패가 되어준다.

국내외에서 이런 사례를 많이 찾을 수 있는데, 2018년 스타벅스의 인종차별 사건 대응이 대표적이다. 미국 필라델피아 매장에서 흑인 고객 두 명이 부당하게 체포된 사건 후, 스타벅스 CEO 케빈 존슨은 즉각적으로 공개 사과하고, 전국 8,000개 매장을 하루 동안 폐쇄해 약 17만 5,000명의 직원에게 인종 편견 극복 교육을 실시했다. 이러한 과감하고 투명한 대응은 오히려 스타벅스의 기업 이미지를 강화하는 결과를 가져왔다.

언론의 두 번째 얼굴은 파국의 모습을 하고 있다. 언론 플레이로 여론을 조작하거나 진실을 왜곡하려 시도한다면 그 결과는 치명적일 수 있다. 이때 언론 플레이는 홍보 전략을 넘어, 여론 조작이나 흑색선전, 스핀 닥터 전략의 하나로 변질될 수 있다. 그런데 여론을 조작하거나 진실을 왜곡하려는 시도가 드러날 경우, 언론은 순식간에 강력한 공격 무기로 변한다. 조작된 프레임, 조율된 인터뷰, '연출된 진실'이 밝혀질 때, 대중은 진정성 없는 행위를 가장 먼저 응징한다.

언론을 '무기'로 삼으려다 자폭하는 사례는 국내외에서 쉽게 찾아볼 수 있다. A그룹 B 씨의 사례를 보자. 가족 간 재산 분쟁이 벌어지자 B 씨는 여론의 힘을 빌려 상대를 압박하는 방법을 동원하기로 했다. 한 매체를 통해 "동생이 형 집을 찾아갔으나 만나지 못하고 문 앞에서 기다리다가 발길을 돌렸다"라는 보도가 나갔고, 처음에는 동정 여론이 일기도 했다.

그런데 반전이 생겼다. 이 일이 '연출된 상황'임이 밝혀진 것이다. 이 보도는 B 씨 측이 제공한 정보를 바탕으로 작성됐으며, 그 과정에서 PR 전문가가 개입했다. 이런 사실이 알려지면서 여론은 급반전했고, B 씨는 사회적·법적으로 불리한 위치에 놓였다.

2021년 4월, N유업은 자사 발효유 제품이 코로나 19에 대해 항바이러스 효과가 있다는 내용을 언론 심포지엄에서 발표했다. 그러나 식약처는 이를 허위·과장 광고로 보고 고발했다. 이후 소비자 비판과 불매운동이 확산됐고, 당시 대표는 해당 발표와 관련해 벌금형을 받았다. 이 사례는 보도자료를 배포하며 언론을 활용하는 마케팅이 어떻게 역풍을 불러올 수 있는지를 잘 보여주었으며 과장된 '언론 플레이'의 위험성을 드러냈다.

다른 사례를 하나 더 보자. 국회의원 선거에 나선 F 씨는 자신의 이름을 알리기 위해 전략적 언론 플레이를 시도했다. 기자간담회를 열어 공약을 설명하고, SNS를 통해 유권자들과의 소통을 강조하며 친근한 이미지를 구축했다. 이 활동은 초기에는 효과를 발휘했다. 그는 '젊고 신뢰할 수 있는 리더'로 비치며 언론의 긍정적 주목을 받았다. 하지만 선거 막바지에 과도한 이미지 조작이 드러나며 대중의 신뢰를 잃었다. 결국, 선거에서 패배한 그는 '언론 플레이의 위험성'을 몸소 경험하게 됐다.

약발 약해진 언론 플레이, 그러나 여전히 중요한 이유

오늘날 언론 플레이는 과거만큼 절대적인 효과를 내기 어렵다. 정보 과잉 환경에서 어느 한쪽에 유리한 뉴스가 나오면 사람들은 곧바로 '또 언론 플레이 하나?'라는 의심의 눈길을 보낸다. 정보 접근성과 비판적 수용 능력이 높아졌기 때문이다.

과거에는 언론 보도 하나로도 특정 인물이나 기업을 단숨에 '영웅'으로 만들 수 있었다. 그러나 지금은 훨씬 더 정교한 전략과 실행이 필요하다. SNS, 커뮤니티, 1인 미디어의 발전으로 '가짜 프레임'

은 빠르게 해체되고, 언론이나 PR의 의도는 쉽게 간파되는 시대가 되었다.

〈하버드 비즈니스 리뷰〉에 발표된 논문들은 디지털 시대의 소비자들은 단순히 정보를 수용하는 수준을 넘어서 다양한 출처의 정보를 비교하고 신뢰도를 스스로 판단하는 경향이 강화되었다고 분석한다. 이는 전통적 방식의 언론 플레이만으로는 원하는 효과를 내기 어려워졌다는 뜻이기도 하다.

그럼에도 불구하고, 언론 그리고 언론 플레이는 여전히 위기 대응과 이미지 관리에 있어 강력한 영향력을 발휘한다. 이는 부인할 수 없는 현실이다. 과거처럼 일방적이거나 조작된 접근이 아니라, '진정성'과 팩트 중심의 전략적 접근이 중요해졌다.

What to do

☑ **진정성 없는 언론 플레이는 독이다.**

언론 플레이의 기본은 진정성이다. 단기적 효과를 노린 '조작된 진실'은 오히려 신뢰를 잃는 지름길이다. 다소 시간이 걸리더라도 사실에 기반한 메시지가 결국 살아남는다. 때론 불리한 정보라도 투명하게 공개하고, 그에 대한 책임을 명확히 하는 태도가 위기를 극복하고 신뢰를 얻는 출발점이다.

☑ **프레임과 스토리텔링을 준비하라.**

위기의 본질은 정보의 전쟁이며, 프레임의 전쟁이다. 언론 플레이의 핵심은 '어떻게 보이게 할 것인가?', 즉 프레이밍에 있다. 위기 때 효과적인 대응을 하기 위해서는 위기 발생 이전, 평소에 미리 대응 프레임을 준비하는 전략적 기획이 필요하다.

이 과정에서 중요한 도구가 스토리텔링이다. 감성의 진정성 있는 전달은 팩트 못지않게 중요하다. 스토리텔링은 단순한 설득 기술이 아니라, 대중과 감성적으로 연결되는 통로다. 잘 짜인 스토리 하나가, 위기 상황에서 사실 이상의 설득력을 발휘할 수 있다.

특히 위기 상황에서 CEO가 직접 언론에 나설 경우, 개인 판단이나 역량에만 의존하는 것은 매우 위험하다. 반드시 '전반적인 내용을 잘 아는' 전문가의 전략적 조언과 언론의 생리를 고려한 종합 대응이 필요하다. 언론은 감정이 아니라 전략적으로 접근해야 할 대상이다.

사과,
위기 대응의 A to Z

우리가 실수할 때는 그것을 인정하고, 사과하며,
최선을 다해 바로잡아야 한다.
- 스티븐 코비, 《성공하는 사람들의 7가지 습관》

평판위기 관리, 사과에서 시작한다

평판위기에서 사과(謝過)의 중요성은 아무리 강조해도 지나치지 않다. 위기 상황에서 사과는 단순한 예의의 차원을 넘어서 조직의 명운을 좌우할 수 있는 전략적 선택이다. 아무리 철저히 대비해도 실수와 사고는 발생하기 마련이다. 따라서 위기관리는 '사고를 예방하는 것' 만큼이나 '사고 발생 이후 어떻게 대응하느냐'에 달려 있으며, 그 첫 단추는 바로 사과이다.

사과는 위기 대응의 시작이자, 공중의 감정을 누그러뜨리는 심리적 완충 장치다. 그러나 많은 리더가 사과를 도덕적 의무나 형식적 절차로만 여기고 가볍게 생각한다. 하지만 사과는 타이밍, 주체, 진정성, 형식, 후속 조치 등 여러 요소가 얽힌 고난도의 커뮤니케이션, 즉 소통 전략이다. 잘못된 사과는 차라리 아무런 사과도 하지 않는 것보다 더 큰 해를 끼칠 수 있다.

미국 커뮤니케이션 학자 키스 마이클 허니는 그의 저서 《Crisis Management by Apology(사과를 통한 위기관리)》에서 "사과는 단순한 감정 표현이 아니라, 위기 상황에서 조직의 신뢰를 회복하고 평판을 관리하는 데 중요한 전략적 도구"라고 말하며 사과의 중요성을 강조했다.

그는 사과가 책임 인정, 설명, 진정성, 보상 등 구체적인 요소를 포함할 때 효과적으로 작동하며, 위기관리의 핵심이자 조직의 미래를 좌우할 수 있는 중요한 수단임을 역설한다.

그렇다면 우리는 언제, 어떻게, 누구를 통해, 어떤 방식으로 사과해야 할까?

사과, 하나의 답은 없지만 원칙은 있다

사과에 대한 이론은 다양하다. "사고 직후 곧바로 사과하라.", "최고위층이 직접 고개를 숙여야 한다." "법적 책임이 분명하게 정해지기 전에는 말을 아껴라." 등 수많은 지침이 알려졌다. 그런데 이 모든 조언은 부분적으로 맞지만, 충분하지 않다. 현실은 그렇게 간단하지 않기 때문이다.

사건·사고의 실체가 명확하게 밝혀지지 않은 상태에서 섣불리 사과했다가 나중에 전말이 드러났을 때 더 큰 리스크를 초래할 수 있다. 예를 들어, 내부 직원의 개인적 일탈인데도 조직 전체가 책임을 지겠다고 선언해버리면 과잉 책임으로 인해 법적 부담이 발생할 수 있다.

특히 오너나 그룹 회장, CEO나 기관장 같은 최고위 인사에게 "일단 나가서 사과하시라"고 말하며 설득하는 것은 결코 쉽지 않다. 기업의 명예, 법적 책임, 여론 반응, 내부 책임 구조까지 모두 고려해야 하기 때문이다. 오너 혹은 회장에게 바로 "일단 사과하시라"라고 용기 있게 말할 수 있는 사람도 드물지만, 설사 있다고 해도 오너 회장이 이를 바로 받아들일 가능성은 작다. 구체적 사실 확인도 없이 무작정 사과부터 한다고 해서 진실성이 전달될 리도 없다. 오히려 사과한 뒤 사실이 뒤집혀 재차 사과하게 되거나, 사과의 진정성을 의심받는 경우도 많다.

모든 사과에 적용되는 하나의 정답은 없다. 제니퍼 로벤놀트 교수는 2003년 논문 〈Apologies and Legal Settlement: An Empirical Examination(사과와 법적 합의: 실증적 검토)〉에서 법적 책임 인정을 포함한 완전한 사과가 단순한 유감 표명보다 분쟁 해결 가능성을 높인다고 주장했다. 그러나 사실관계가 완전히 파악되지 않은 상태에서의 너무 이른 사과는 오히려 부정적 여론을 증폭시킬 수 있다는 주장도 있다. 이처럼 사과의 효과는 그 내용과 시기, 상황에 따라 달라지므로, 일률적인 정답이 존재하지 않는다.

그렇다고 침묵이 능사도 아니다. 법률 전문가들은 종종 "사과는 법적 책임을 인정하는 셈이니 최대한 늦추라"라고 조언하지만, 현실에서는 그런 침묵이 오히려 대중의 공분을 사고 기업의 신뢰를 무너뜨린다.

사과는 위기를 기회로 바꾸는 변곡점

금융기관 A사는 고객 자금 횡령 사건에 연루되었다. 한 직원이 수년간 거액의 고객 자금을 유용했는데, 이 사실은 경찰의 다른 사건 수사 과정에서 우연히 드러났다. 아직 사건의 정확한 경위와 규모, 책임 구조도 명확하지 않은 상황에서 언론 보도가 나갔고 고객 불만과 항의가 빗발쳤다. 금융 당국도 관심을 보이기 시작했다.

그룹 전체에 비상이 걸렸고, 사고 경위를 파악하기 위해 모든 수단을 동원했다. 문제는 사과 여부였다. 내부에서 의견이 엇갈렸다. 홍보와 대관 업무를 맡은 임원은 "회장이 빨리 나서서 사과를 해야 한다"고 주장한 반면, 법무 임원은 "아직 경위와 내용, 규모 등 아무 것도 모르는 상태에서 회장이 덜컥 사과부터 해버리면 나중에 모든 법적 책임을 뒤집어쓰는 결과가 나올 수도 있다"고 맞섰다.

과연 A사는 사과를 해야 할까? 이런 상황에서 '정답'은 없지만 최소한의 기준은 있다. 무조건 침묵하지 말 것. 일단 최소한 유감을 표명하고, 진상 규명을 약속할 것.

예를 들어 이렇게 할 수도 있다. "이번 사고로 인해 고객 여러분께 심려를 끼쳐 송구스럽게 생각합니다. 현재 상황을 엄중하게 인식하고 있으며, 모든 경위를 철저히 조사 중입니다. 명확한 사실이 확인되는 즉시 책임 있는 조치를 하겠습니다." 완벽한 메시지는 아니지만, '아무 말도 하지 않는 것'보다는 훨씬 낫다.

여론은 진실보다 먼저 '입장'과 '태도'를 본다. 초기 메시지는 진정성, 책임 인식, 투명성이 담겨야 한다. 처음에는 상황 관리형 메시지로 출발하고, 조사 결과가 나오는 대로 점진적으로 내용을 진화시키는 접근이 이상적이다. 언론이나 대중은 최소한 이 정도의 피드백이라도 기대한다.

위기 커뮤니케이션 전문가 짐 루코는 "위기 상황에서 첫 60~90분이 가장 중요하다"고 설명한다. 초기 대응이 없으면 언론과 소셜 미디어는 자체적인 해석으로 그 공백을 채우게 된다. 디지털 시대인 현재는 그 타이밍이 더 짧아졌다.

사과는 단순한 사죄의 표현을 넘어, 신뢰를 회복하고 관계를 복원하는 강력한 전략적 수단이다. 특히 기업이나 조직이 위기 상황에서 제대로 된 사과와 구체적 조치를 병행할 경우, 오히려 브랜드 신뢰도를 높이는 계기가 될 수 있다. 물론 사과만으로 해결되는 것은 절대 아니다. 진정성 있는 후속 조치가 병행되지 않으면 사과는 공염불이 되고 만다. 사과는 필요조건이지 충분조건은 아니다.

실제로 2010년 도요타 자동차의 대규모 리콜 사태에서 토요타 아키오 회장의 진정성 있는 사과와 구체적인 개선 약속, 그리고 그 실행은 장기적으로 브랜드 신뢰 회복에 기여했다. 2011년 〈하버드 비즈니스 리뷰〉에 게재된 아티클에 따르면, 위기 직후 도요타의 미국 내 판매량은 감소했으나, 1년 후에는 위기 이전 수준을 회복하거나 오히려 증가했다.

사과의 핵심 요소

진정성

대중은 사과의 진심을 놀라울 만큼 민감하게 감지한다. 말만 번지르르한 사과는 오히려 분노를 키운다. 진정성의 핵심은 진실성, 투명성, 일관성이다. 즉, 사과가 사실에 기반하고, 숨김없이 공개되며, 일관된 태도로 이어질 때 신뢰 회복 효과가 극대화된다.

책임감

"유감입니다"로 시작해 "우리 책임은 아닙니다"로 끝나는 사과는 독이 된다. 사과문에서 책임을 명확히 인정하고, 구체적으로 무엇이 잘못됐는지 설명하는 것이 필수적이다. 단순한 유감 표명은 효과가 제한적이다. 〈하버드 비즈니스 리뷰〉에 발표된 연구 결과에 따르면, 책임을 회피하는 사과는 아무런 사과도 하지 않는 것보다 더 부정적인 영향을 미친다(Brooks et al., 《When and How to Apologize》, 2016).

타이밍

한국 사회에서 타이밍은 특히 중요하다. 너무 빠르면 '성급하다', 늦으면 '회피한다'는 인상을 준다. 그만큼 타이밍 정하기가 어렵다는 얘기다.

커뮤니케이션 학자 티모시 쿰스는 '위기 발생 직후 24시간 이내의 대응이 조직의 향방을 좌우한다'고 강조한다. 국내 연구에 따르면 한국 기업들의 평균 사과 시점은 위기 발생 후 약 4.36일로 나타났다(박현식·하진홍, 2014). 그러나 이들 자료는 오래된 것으로 디지털·SNS 환경에서는 훨씬 더 빠른 대응 속도가 요구된다. 중요한 것은 단순한 신속성이 아니라 사실에 근거한 신속한 대응이다. 충분한 사실 확인 없이 서둘러 내놓은 사과는 오히려 불신과 논란을 키울 수 있다. 따라서 위기 커뮤니케이션의 핵심은 신속성과 정확성의 균형에 있다.

사과의 주체

누가 나서느냐에 따라 사과의 무게가 달라진다. 경미한 사안이라면 실무진도 가능하지만, 사회적 파장이 큰 사건은 반드시 최고위층이 직접 나서야 한다.

- **최고위층 사과** 사건의 책임이 명확한 경우, CEO나 회장이 직접 나서서 사과하는 것이 바람직하다. 2014년 경주 마우나오션리조트 체육관 붕괴 사고 당시, 코오롱 이웅열 회장은 사고 직후 현장에 달려가 피해자 가족들에게 직접 사과했다. 회장의 행동은 '회사가 책임을 회피하지 않겠다'는 강력한 신호로 작용했다.
- **중간 관리자급 사과** 사건의 성격상 최고경영자가 직접 나서기 어려운 경우, 임원급에서 사과하고 후속 조치를 발표하는 전략도 가능하다. 2015년 S사 공장의 가스 누출 사고 당시, 공장장이 직접 브리핑을 통해 사과하고 구체적인 안전 대책을 발표했다.

사과의 채널과 방식

채널의 선택은 단지 '형식'의 문제가 아니다. 대중의 심리적 거리감, 공감도, 신뢰 회복의 속도와 직결된다. 그만큼 상황의 심각성과 대상 등을 고려한 전략적 선택이 필요하다.

- **기자회견** 사회적 파장이 큰 사건에서는 공식 기자회견을 통해 책임 있는 사과와 함께 구체적으로 설명하는 게 바람직하다.
- **공식 성명** 보도자료나 기업 홈페이지를 통해 일정 수준의 책임을 표명하는 데 적합한 방식이다.
- **SNS 활용** 빠른 대응이 필요한 상황에서 효과적인 방식이다.
- **직접 방문** 피해자 대면 사과는 말보다 행동의 신뢰를 전달할 수 있는 가장 진정성 높은 방식이다.

What to do

☑ **상대방의 눈으로 판단하라.**

　사과는 자기 입장이 아닌 상대방의 눈높이에서 이루어져야 한다. 내가 피해자라면, 그 사과를 어떻게 받아들일 것인지를 먼저 생각해보라는 뜻이다. 미국 심리학자 로버트 치알디니는 그의 지서에서 상내방의 감정과 필요에 주의를 기울일 때 설득과 신뢰가 효과적으로 이루어진다고 강조했다.

　위기 상황에서는 자신이나 내부 관계자의 감정적·감성적 대응에 따르기보다는 전문적인 위기관리 컨설팅을 받는 것이 효과적이다. 내가 가진 전략과 아이디어가 훌륭하더라도, 제3자의 객관적인 시각을 포함한 교차 검증이 필요하다.

평판위기에서 살아남는 사과문 작성법

사과는 사랑스런 향기다.
사과는 아주 어색한 순간을 우아한 선물로 바꾼다.
- 마가렛 리 런벡(미국의 작가이자 교육자)

사과문의 핵심: 진정성의 힘

평판위기 때 내놓는 사과문 하나가 위기를 극복하는 열쇠가 되기도, 반대로 더 큰불로 키우는 연료가 되기도 한다. 사과문은 단순한 형식이 아니라 진정성을 담은 소통의 도구이다. 이 글에서는 실제 사례를 통해 효과적인 사과문 작성법을 살펴보자.

사과에서 가장 중요한 요소는 미사여구나 말솜씨가 아니라 진심과 진정성이다. 우리는 친구나 가족 등 일상적인 관계 속에서도 마지못해 하는 사과와 진심 어린 사과를 쉽게 구별할 수 있다. 특히 공적인 사과에서는 이 진정성이 더 선명하게 드러난다. 대중은 표정, 말투, 말의 선택, 맥락을 통해 사과가 진실한지를 날카롭게 감지한다. 또 언론은 팩트를 검증한다.

노벨상 수상자이자 동물심리학자인 콘라트 로렌츠는 자신의 저서 《On Aggression(공격성)》에서 패자가 항복의 신호를 보내면 승자는 대체로 공격을 멈춘다는 동물의 본능적 행동을 설명하고, 이를 인간 사회에도 유추해볼 수 있다고 제안했다. 진정성 있는 사과는 위기의 불씨를 끄는 소화기 역할을 할 수 있지만, 반대로 진정성이 결여된 사과는 오히려 상황을 악화시키는 기폭제가 되기도 한다. 때로는 문장이 거칠고 서툴더라도, 진심이 담긴 사과는 사람들의 기억에 남고 뜻이 온전히 전달될 수 있다.

가수 J 씨의 사례는 사과의 진정성이 얼마나 중요한지를 분명하게 보여준다. 그는 2016년, 전 여자친구와의 사적인 행위를 담은 영상을 몰래 촬영·유포한 혐의로 경찰 조사를 받았고, 기자회견을 통해 대중에게 사과했다. 그러나 기자회견 직전 지인에게 "죄송한 척하고 올게"라는 문자 메시지를 보낸 사실이 나중에 언론에 보도되면서, 그의 사과는 진정성을 의심받았고 여론은 급격히 악화되었다.

가수 K 씨 역시 음주운전 사고 이후 100여 장의 반성문을 작성하고 사과문을 발표했지만, 블랙박스 메모리 삭제 시도, 매니저의 허위 자수 논란 등이 불거지며, 결과적으로 진정성에 대한 의심은 해소되지 못했다. 대중의 실망감은 커졌고, 사과의 효과는 제한적이었다.

이들 사례는 모두 '사과를 했느냐'보다 '어떻게 했느냐'가 훨씬 중요하다는 사실을 보여준다. 때로는 진정성 없는 사과가 침묵보다 더 큰 역효과를 낳기도 한다.

일본 작가 마스자와 류타는 자신의 저서 《내 사과가 그렇게 변명 같나요?》에서 '진정한 사과는 상대방의 감정을 이해하고, 자신의 상황을 명확히 설명하며, 재발 방지를 위한 구체적인 행동이 이어져야 한다'고 말했다. 그의 주장은 단순한 사과의 기술을 넘어, 신뢰를 회복하기 위한 전략적 사과의 본질을 짚고 있다. 즉, 사과문은 전략일 수 있지만, 전략이라는 이름 아래 감정을 지워서는 안 된다. 사과는 이성의 메시지이기 이전에 감정의 언어이며, 핵심은 진정성이다.

사과문의 필수 요소

효과적인 사과문을 작성하기 위해 기억해야 할 대표적인 틀은 CAP 원칙이다.

- **C(Care/Concern)** 공감과 위로. 약 20%. 피해자에 대한 진심 어린 공감과 위로의 표현이 사과의 출발점이다.
- **A(Action)** 조치 및 진행 상황. 약 50%. 사안의 사실관계와 대응 조치 및 진행 상황을 구체적으로 설명해야 한다. 팩트와 수치를 활용하면 더욱 신뢰를 얻는다.

- P(Preparedness) 재발 방지 계획. 약 30%. 단순한 재발 방지 다짐이 아니라, 제도 개선과 조직 차원의 지원 계획과 시스템 개선 방향을 제시한다.

이런 요소가 포함된 사례를 보자.

"이번 사고로 피해를 입은 분들께 진심으로 사과드립니다. 현재 사태의 원인을 철저히 조사 중이며, 피해 보상 및 시스템 개선을 위한 대책을 마련하고 있습니다. 다시는 이런 일이 발생하지 않도록 전사적으로 점검하고 예방 시스템을 구축하겠습니다."

미국 정신과 의사 아론 라자르가 자신의 저서 《사과에 대하여》에서 제시한 진정한 사과의 4요소도 위와 비슷한 내용으로 볼 수 있다.

① 잘못 인정: 무엇이 잘못되었는지를 구체적으로 밝힌다.
② 책임 수용: 책임을 다른 사람이나 상황에 돌리지 않는다.
③ 피해자에 대한 공감과 유감 표명: 피해자의 감정에 공감하며, 진심으로 유감을 표한다.
④ 보상 또는 행동 변화 약속: 재발 방지나 피해 회복을 위한 구체적 조치를 제시한다.

라자르는 "잘못된 사과는 오히려 신뢰를 더 잃게 만든다"라고 짚으면서 조건부 사과(예: 불편을 드렸다면, 사과드립니다)는 사과가 아니라고 강조했다.

사과문 작성 체크리스트

Dos	
5W 원칙	언제, 누가, 어디서, 무엇을, 왜에 대한 구체적 설명
주체 명확히	우리 직원의 실수(X) → 우리 회사의 관리 책임(O)
진정성 있는 언어	회피적 언어는 피한다
구체적 보상과 후속 조치 명시	
Don'ts	
조건부 사과 금물	"그럴 의도는 아니었지만" 등
책임 회피성 발언 자제	"일부 직원의 문제였다." "처음이라 경황이 없었다."
과도한 감정 표현 자제	눈물이나 감정 호소는 역효과
추상적인 문구 최소화	"재발 방지를 위해 최선 다하겠다."

효과적인 사과문 예시

잘못된 표현	개선된 표현
최선을 다했지만 이런 일이 발생해 유감입니다. (책임 회피)	저희 회사의 관리 소홀로 인해 발생한 일입니다. 깊이 사과드립니다.
재발 방지를 위해 노력하겠습니다. (추상적)	내부 프로세스를 전면 개편하고 6개월 내로 모든 시스템을 점검하겠습니다.
저희도 무척 힘들었습니다. (자기중심석)	피해를 입은 모든 분들께 진심으로 사죄드립니다.

성공적인 사과와 실패한 사과

성공적 사과 사례

- 삼성 이재용 부회장의 메르스 사태 사과(2015년)

삼성서울병원이 메르스 전염병 확산의 진원지로 드러나자, 이재용 당시 삼성전자 부회장은 기자회견을 통해 직접 다음과 같은 말로 사과를 시작했다.

"저희 삼성서울병원이 메르스 감염과 확산을 막지 못해 국민 여러분께 너무 큰 고통과 걱정을 끼쳐 드렸습니다. 머리 숙여 사죄드립니다."

이 사과는 피해자에 대한 공감(C), 책임의 명확한 인정(A), 재발 방지 의지(P)를 고루 갖추었으며, 공적 책임을 명확히 한 점에서 진정성이 돋보였다는 평가를 받았다.

저희 삼성서울병원이 메르스 감염과 확산을 막지 못해 국민 여러분께 너무 큰 고통과 걱정을 끼쳐 드렸습니다. 머리 숙여 사죄합니다. 특히 메르스로 인해 유명을 달리하신 분들과 유족분들 아직 치료 중이신 환자분들, 예기치 않은 격리 조치로 불편을 겪으신 분들께 죄송합니다. 저의 아버님께서도 1년 넘게 병원에 누워 계십니다. 환자분들과 가족분들께서 겪으신 불안과 고통을 조금이나마 이해하고 있습니다. 환자분들은 저희가 끝까지 책임지고 치료해 드리겠습니다. 관계 당국과도 긴밀히 협조해 메르스 사태가 이른 시일 안에 완전히 해결되도록 모든 힘을 다하겠습니다.

(중략)

사태가 수습되는 대로 병원을 대대적으로 혁신하겠습니다. 어떻게 이런 일이 발생했는지 철저히 조사하고 재발 방지를 위해 최선의 노력을 다하겠습니다. 이번 일을 계기로 응급실을 포함한 진료 환경을 개선하고 부족했던 음압병실도 충분히 갖춰서 환자분들께서 안심하고 치료받을 수 있는 환경을 만들겠습니다.

(중략)

말씀드리기 송구스럽지만, 의료진은 벌써 한 달 이상 밤낮없이 치료와 간호에 헌신하고 있습니다. 이분들에게 격려와 성원을 부탁드립니다. 메르스로 큰 고통을 겪고 계신 환자분들의 조속한 쾌유를 기원하면서 다시 한번 진심으로 사과드립니다.

- **코오롱 이웅열 회장의 마우나오션리조트 사고 사과(2014년)**

2014년 2월, 코오롱그룹이 운영하는 경주 마우나오션리조트 강당이 붕괴되어 대학생 10명이 사망하는 사고가 발생했다. 이웅열 당시 코오롱그룹 회장은 사건 발생 다음 날 새벽 6시에 현장을 찾아 다음과 같이 사과했다:

이번 사고로 고귀한 생명을 잃은 고인들의 명복을 빌며 유가족

분들에게 엎드려 사죄드립니다.

대학 생활을 앞둔 젊은이들이 꿈을 피우기도 전에 유명을 달리하게 된 데에 무거운 책임을 느낍니다. 부상자가 하루빨리 회복하고 쾌유하도록 코오롱은 모든 지원을 아끼지 않겠습니다.

국민께 심려를 끼치게 된 점에 대해서도 책임을 통감합니다.

(중략)

현재 사고대책본부를 설치해 신속한 사고 수습을 위해 만전을 기하고 있으며, 무엇보다 인명구조에 최선을 다하겠습니다. 사고 원인 규명에 한 점의 부족함이 없도록 최선을 다하겠습니다.

(후략)

이 회장은 신속한 사고 수습과 피해 보상을 약속하며, 안전 관리 강화를 위한 구체적인 대책을 내놓았다. 이 사과문은 진정성 있는 사과(Care & Concern), 앞으로 취할 행동(Action), 재발 방지 약속(Prevention)의 'CAP 법칙'을 충실히 따랐다고 평가할 수 있다.

실패한 사과 사례

- **S사 H 회장의 사과**

2022년 S사 계열 공장에서 근로자가 기계에 끼어 숨지는 사고가 발생하자, 회장은 사과 기자회견을 열었다. 그러나 준비된 원고를 작은 목소리로 읽고 기자들의 질의응답도 받지 않는 방식은 진정성이 부족하다는 비판을 불러왔다.

- BP의 딥워터 호라이즌 유출 사고 사과(2010년)

멕시코만 딥워터 호라이즌 해양 유출 사고 당시 BP의 CEO는 언론 인터뷰에서 "피해를 입은 분들께 유감이지만, 나 또한 힘든 시간을 보내고 있다"라고 발언해 피해자보다 자신을 먼저 생각하는 태도로 비치며 비판을 받았다.

- "싸나이답게 용서를 구합니다"

2017년 B사는 제품의 가격 인상 후 거센 소비자 반발에 직면하자, 가격을 다시 내리고 "싸나이답게 용서를 구합니다"라는 메시지를 공개했는데, 이 표현은 진정성보다 유머와 마케팅 의도로 해석되면서 사과 효과가 반감했다.

What to do

- ☑ **CAP 원칙을 기억하자.**

  이 부분은 사과문의 필수 요소 CAP와는 또 다른 측면이다. 즉, 잘못을 명확히 밝히고(Clarity), 책임을 수용하며(Acceptance), 재발 방지 계획을 제시하라(Plan).

- ☑ **책임을 회피하지 말자.**

  모호한 유감 표명 대신, 잘못을 분명히 인정하는 사과가 필요하다.

- ☑ **행동으로 입증하자.**

  보상과 후속 조치를 구체적으로 제시해야 말에 힘이 실린다.

- ☑ **진정성을 담아라.**

  감정 과잉은 피하되, 피해자의 감정을 존중하는 태도가 핵심이다.

언론 대응 10계명

언론과 싸우려 하면 아마 질 것이다.
하지만 건설적으로 소통하면 서사(敍事)를 형성할 수 있다.
- 제프 베이조스

위기를 막는 기술, 기회를 만드는 전략

위기가 발생했을 때 기업이나 조직, 개인의 언론 대응 방식은 대체로 극단적인 두 방향으로 갈린다. 하나는 침묵하거나 무대응으로 일관하는 전략, 다른 하나는 성급하게 적극 해명하고 사태를 축소하려는 시도다. 이 둘은 모두 잘못 접근하면 되레 사태를 악화시킬 수 있다.

'말하지 않는 것'은 때로 침묵이 아니라 '묵인'으로 해석되고, 반대로 준비 없는 해명은 '변명'이나 '거짓말'로 오인되기 쉽다. 특히 감정이 개입되거나 조직 내부 정리가 안 된 상태에서 나오는 대응이 언론을 통해 확대 해석되고, 오히려 불신을 키우는 결과를 초래할 수 있다.

따라서 언론 대응은 단순한 전술 차원의 문제가 아니다. 조직 전체가 연동되어 움직이는 고도의 전략이자, 평판위기에서의 생존 전략이다.

사전 준비 → 초기 대응 → 사후 관리까지 전 과정이 유기적으로 연결되어야만 그나마 효과를 낼 수 있다. 물론, 사고가 이미 발생한 이후라면 완벽한 대응은 어렵다. 하지만 사전에 미디어의 생리와 보도 환경을 알고, 위기 시 무엇을 말해야 하고 무엇을 말하지 말아야 하는지 이해하고 준비한다면, 최악의 상황을 예방하거나 후유증을 크게 줄일 수 있다.

오늘날 미디어 환경은 종이신문, 잡지, 방송 같은 전통적 매체Old Media뿐 아니라, 포털, 뉴스, 모바일, 유튜브, SNS, 블로그, 커뮤니티 등 다양한 디지털 매체New Media로 복잡하게 분화되고 있다. 더 나아가 최근에는 딥페이크 영상, 생성형 AI 기반 콘텐츠 그리고 의도적 조작을 가미한 가짜 뉴스까지 범람하면서 사실과 허위, 정보와 루머의 경계가 흐려지는 상황이다. 이처럼 다매체, 다채널, 고속 유통이라는 특성을 가진 현대 미디어 환경에서는 '일괄 대응'이 아닌, 매체별 특성과 속도에 따른 차별화된 전략이 필요하다.

예를 들어, 속보성 중심의 온라인 뉴스에는 신속한 핵심 메시지 전달이 중요하며, TV나 유튜브 같은 시각 매체에는 비언어적 메시지(표정, 태도, 배경 등)까지 고려해야 한다. SNS는 공감과 정서적 표현이 중요하고 사후 대응까지 이어지는 커뮤니케이션 흐름을 만들어야 한다.

언론 대응은 한 번의 발표가 아니라 전체 시스템이다

언론 대응은 발표 한 번으로 끝나는 일이 아니다. 단계별로 미리 정리된 원칙과 절차, 명확한 책임 주체, 일관된 메시지가 뒷받침되어야 효과가 있다. 이 모든 과정이 이상적일 수는 없겠지만, 적어도 '해야 할 일'과 '하지 말아야 할 일'을 명확히 구분하고, 실행 가능한 매뉴얼을 갖추는 것만으로도 대응력에서 큰 차이가 날 수 있다.

위기 상황 언론 대응의 ABC

Dos

분류	세부 지침	실행 방안
창구 일원화 (One voice)	메시지의 초기 일관성은 신뢰도를 결정짓는 핵심	• 외부 접촉과 메시지 전달 창구 일원화 • 대변인 혹은 정해진 창구 통해서만 소통
메시지 정리 (입장문 및 Q&A)	준비된 메시지는 혼란을 줄이고 신뢰를 높인다.	• 전달하고 싶은 내용의 핵심 메시지만 간략히 정리 • 예상 질문에 대한 답변도 몇 가지 준비
언론 모니터링 (실시간 상황 파악)	상황은 실시간으로 변하며, 언론 보도나 대응은 단발성으로 끝나지 않는다.	• 주요 매체, 포털, SNS, 유튜브 등 실시간 모니터링 • 보도의 팩트와 해설 경향, 댓글 흐름 등을 분석해 대응 전략에 반영
기자 응대 요령	기자 연락이나 현장 접촉을 무조건 피하는 것은 금물	• 연락이 오면 "홍보팀을 통해 공식적으로 답하겠다"고 응답한 후 • 준비된 메시지와 Q&A 범위에서 성실하게 피드백 • 추가 질문은 서면 등으로 요청 • 인터뷰 요청 시 신속히 대처하되 거절 시 이유 설명
답변은 간결 명료 (결론부터)	언론은 답변을 길고 장황하게 반영하지 않는다. 최대한 분명하게 결론부터 제시	• 전문용어는 피하고 쉬운 단어로 핵심 메시지부터 설명 • 질문이 명확하지 않으면 되묻고, 모르는 답은 안 해도 됨(답변이 곤란한 질문에 대해서는 왜 대답할 수 없는지 설명)
거짓말보다는 차라리 NCND	명심 또 명심해야 할 부분	• '실수'는 용서받을 수 있지만 '거짓말'은 재앙을 초래한다. • 정 대답하지 못할 사안은 거짓말보다는 차라리 'NCND(Neither Confirm Nor Deny)'가 낫다. 만회할 기회라도 있다.
폭로는 이어진다.	화불단행(禍不單行). 일단 물고가 터지면 취재는 이어진다.	하나의 기사는 위기의 촉발점이 될 수 있다. 취재 경쟁이 붙으면서 판을 흔들만한 후속 보도는 필연적이다.
정보 제공 확대 (위기일수록 적극 제공)	정보는 내가 제공하지 않으면 불리한 내용이 더 많이 퍼질 수 있다.	• 유리하고 합리적인 정보와 자료를 정제된 범위에서 적극 제공. • 정보 안 주면 불리하거나 왜곡된 정보가 확산될 가능성이 크다.
언론은 적 아닌 동반자다.	언론을 경계하거나 무시하면 여론은 조직을 적으로 간주한다.	언론은 갈등의 매개체이자 위기관리의 중요한 파트너다. 평소 신뢰를 쌓고 진정성 있게 소통해야 한다.
매체, 기자 동등 대우	매체의 파급력이 옛날과는 많이 달라졌다.	매체의 규모가 크든 작든 차별하지 말고 진정성 있게 대응하라.

Don'ts

분류	설명
너무 길게, 설득하려 하지 말라	답답한 마음에 길고 설명해 설득하려 들면 말실수로 이어져 상황을 악화시킬 수 있다.
무대응/과잉 대응 금물	침묵은 인정으로 해석될 수 있고, 과도한 반응은 문제를 키울 수 있다. 적절한 균형을 찾아 신속하면서도 신중하게 대응해야 한다.
불확실한 정보 제공 금지	확인되지 않은 정보나 추측성 발언은 신뢰도에 치명적인 타격을 준다.
언론 안다고 착각하지 마라	기자 몇 명 친하다고 언론 안다고 착각하면 큰 오산이다. 기자마다, 매체마다, 부서마다 업무 스타일과 시각이 크게 다르다.
언론 '관리'는 잊어라. (진실하고 투명한 소통)	언론을 통제·관리할 수 있다고 생각하면 오산이다. 정공법으로 진실하고 투명하게, 전문성을 가지고 소통하는 것이 최선의 전략이다.
언론사 윗사람 친분 환상 버려라.	언론사 고위층과의 친분으로 기자 취재 방향과 기사 내용을 바꿀 수 없다.
'이 정도는 괜찮겠지'라는 착각 금지	"이 정도는 괜찮겠지", "오프더레코드Off-the-record로 해주세요"와 같은 말은 위기를 키울 수 있다.
기자와 싸우거나 욕하지 마라.	명백한 팩트에 대한 오류 수정은 요구하되, 시각을 문제 삼진 마라. 감정적 대응 대신 비즈니스 관계 유지가 관건.
책임 전가나 핑계 금지	"다른 부서의 문제입니다." 같은 책임 전가는 리더십 부재로 비친다.
지나친 유머·비유 사용 금지	"만약 ~라면?"과 같은 가정적인 질문에 섣불리 답변하지 마라. 위기 상황에서 부적절한 유머나 비유는 상황의 심각성을 희석시킨다.

What to do

☑ **언론 대응: 위기의 시작점이자 회복의 종착점**

　언론 대응은 단순한 '위기 회피 기술'이 아니다. 이는 기업의 생존을 좌우하는 전략적 커뮤니케이션의 핵심 과정이다. 기업과 조직은 위기 상황에서 언론을 통해 사회와 소통하며, 그 과정에서 책임감 있는 태도와 투명성을 보여줄 수 있는 결정적 기회를 갖게 된다.

　이를 위해서는 무엇보다 언론의 특성과 작동 원리에 대한 기본적인 이해가 필요하다. 언론은 때로는 비판적인 시각을 가질 수 있지만, 그 이면에는 사회의 감시자이자 공적 의제를 형성하는 중요한 파트너의 역할도 있다. 언론은 싸워야 할 대상이 아니라, 관계를 맺고 신뢰를 쌓아가는 협력자라는 인식이 필요하다.

에필로그

위기,
'끝'이 아닌 '변화의 시작'

    이 책의 마지막 장을 덮으며, 독자 여러분은 어떤 생각과 느낌을 가지셨나요? 이제는 '평판위기'라는 단어가 더 이상 막연하거나 남의 이야기처럼 들리지만은 않을 것입니다. 한때 국민적 사랑을 받던 기업, 세상을 다 가진 듯 보이던 인물이 평판위기 관리 실패로 경영권을 잃거나 한순간에 나락으로 떨어지는 모습을 보며 평판위기가 누구에게나 닥칠 수 있는 현실적인 상황임을 깨달으셨기를 바랍니다.

    이 책의 목적은 위기 대응 매뉴얼이나 즉각적인 해법을 제시하는 것이 아닙니다. 서두에서 말씀드렸듯이, 이 책은 위기를 바라보는 시각과 태도 그리고 마음가짐을 점검하고 근본적인 전환을 가져오고자 합니다.

급변하는 미디어 환경과 높아진 사회적 인식 속에서 과거의 '관행'은 더 이상 면죄부가 될 수 없으며, "내가 뭘 잘못했느냐"는 식의 인식과 항변은 오히려 위기의 불길을 키우는 기름이 될 수 있음을 반복해 강조했습니다. 그리고 선무당이 사람 잡듯, 위기의 본질을 제대로 이해하지 못한 채 섣부르게 대응하면 치명적인 결과를 초래한다는 사실과 위기에 관한 한 우리의 등잔 밑이 어두움을 여러 사례를 통해 살펴보았습니다.

1장 '위기를 스스로 불러들이는 사람들'에서는 작은 균열이 어떻게 큰 붕괴로 이어지는지를 살폈고, 오너나 리더의 한마디가 갖는 파급력의 무게를 조명했습니다.

2장 '위기의 기준이 달라졌다'에서는 어제의 관행이 오늘의 위기가 되는 시대를 다루었으며, 자기 잘못을 인지하지 못하는 태도야말로 가장 위험한 실수임을 강조했습니다. 이제는 완벽한 비밀은 존재하지 않으며, 보고 싶은 것만 보고 듣고 싶은 것만 들으려는 안일함이 '국민정서'라는 거대한 파도 앞에서 얼마나 위태로운지를 경고했습니다.

3장 '위기관리 시스템을 구축하라'에서는 컨트롤 타워의 역할, 명확한 지시 체계의 긴요함, 그리고 우군 없는 명분이 허약함에 대해 구체적으로 살펴보았습니다.

4장 '시스템보다 더 중요한 것은 사람'에서는 내부 전문가의 역할, 대변인의 전략적 가치, 'No'라고 말할 수 있는 조언자의 필요성,

그리고 가스라이팅이라는 보이지 않는 위협에 대해 다뤘습니다.

5장 '미디어를 알아야 위기관리가 가능하다'에서는 미디어의 실체와 생리, 언론 플레이의 양면성을 짚어보고 진정성 있는 사과가 위기 대응의 시작이자 마무리임을 역설했습니다.

이 모든 장은 결국 하나의 메시지로 귀결됩니다. '위기는 단순한 사건이나 사고가 아니라, 조직과 개인의 인식 수준, 준비 태세를 총체적으로 보여주는 시험대'라는 것입니다. 교통사고처럼, 사소한 접촉으로 끝날 수도 있지만, 한순간에 모든 것을 잃거나 무너뜨릴 수도 있습니다.

사고를 막는 것 못지않게 중요한 것은, 사고 이후의 판단과 대응입니다. 수많은 안타까운 사례들이 보여주듯, 조금만 더 민감하게 변화를 읽고, 조금만 더 겸손하고 전략적으로 대응했더라면 피해를 최소화할 수 있었던 경우가 허다합니다.

대부분의 위기는 두 가지에서 시작됩니다.

하나는 '눈높이의 차이'이고 다른 하나는 '침묵'입니다. 눈높이가 다르기에 뻔히 보이는 위기의 조짐을 인식하지 못하고, 설령 이런 조짐을 알아차렸더라도 말하지 않거나 덮으려는 침묵이 위기를 키우는 근본적인 원인이 됩니다.

위기관리에서는 '자동차보험'과 '종합병원'을 기억하기 바랍니다. 평소에는 자동차보험에 가입하는 느낌으로 철저하게 대비하고, 사건·사고가 발생하면 종합병원의 체계적이고 종합적인 협업 시스템으로 유기적으로 대응해야 차선의 결과라도 거둘 수 있습니다.

한 가지만 덧붙이자면, 'cross check'라는 단어를 잊지 마시기 바랍니다. 자신의 아이디어와 방식, 전략이 뛰어나더라도 한 번쯤은 눈높이가 다른 외부의 시각에서 검증을 받아보라는 것입니다.

위기 대응에는 만능 솔루션은 존재하지 않습니다. 이 책은 오히려 '평소의 마음가짐'과 '인식의 전환'에 더 큰 무게를 두었습니다. 위기관리의 본질은 '매뉴얼'이 아닌 '인식'의 전환에 있습니다. 아무리 정교한 매뉴얼이 있어도, 위기를 직시하려는 의지와 용기, 변화를 수용하려는 유연성이 없다면 그것은 종잇조각에 불과합니다. 훌륭한 항해 지도가 있어도, 폭풍우를 두려워하여 항구를 떠나지 못하거나, 자신의 항해 기술만을 맹신하여 지도를 외면하는 선장은 끝내 목적지에 도달하지 못합니다. 진정한 위기관리 능력은 '나는 아닐 거야'라는 오만을 버리는 데서 시작됩니다.

이 책을 통해 여러분이 평판위기의 압박과 불안으로부터 한 발짝 벗어나고, 나아가 위기를 단순히 피해야 할 대상이 아니라 변화와 성장의 기회로 삼을 수 있는 통찰과 용기를 얻으셨기를 바랍니다.

위기는 고통스럽지만, 동시에 우리가 놓치고 있었던 본질적 가치를 다시 보게 만듭니다. 폭풍우가 지난 후, 뿌리 깊은 나무가 더 단단해지듯 위기를 슬기롭게 넘긴 조직과 개인은 이전보다 더 강력한 신뢰와 명성을 얻게 될 것입니다. "위기는 기회"라는 말은 단지 구호가 아닙니다. 위기를 기회로 바꾸는 힘은, 바로 나 자신에게 달려 있습니다.

이 책의 이야기가 여러분의 삶과 비즈니스에 의미 있는 파동을 일으켜, 위기를 넘어 새로운 시작을 향해 나아가는 든든한 나침반이 되기를 진심으로 기원합니다.

당신은 지금, 어떤 위기 앞에 서 있습니까? 그 위기를 마주할 준비가 되어 있습니까? 그리고 그 위기에 어떻게 대응하시겠습니까?

비욘드 리스크
위기를 넘어 기회로, 위기관리 인사이트

초판 1쇄 2025년 9월 18일

지은이 김왕기
펴낸이 김현종
출판본부장 안형태 **책임편집** 배소라
디자인 푸른나무 **마케팅** 김예리 신잉걸
미디어·경영지원본부 신혜선 문상철 백범선 박윤수 남궁주철 이주리 함동원

펴낸곳 (주)메디치미디어
출판등록 2008년 8월 20일 제300-2008-76호
주소 서울특별시 중구 중림로7길 4
전화 02-735-3308 **팩스** 02-735-3309
이메일 medici@medicimedia.co.kr **홈페이지** medicimedia.co.kr
페이스북 medicimedia **인스타그램** medicimedia
유튜브 medici_media

ⓒ 김왕기, 2025
ISBN 979-11-5706-474-8 (03320)

이 책에 실린 글과 이미지의 무단 전재·복제를 금합니다.
이 책 내용의 전부 또는 일부를 재사용하려면 반드시 출판사의 동의를 받아야 합니다.
파본은 구입처에서 교환해드립니다.